Ils te feront la guerre, mais ils ne te vaincront pas!

Dépôt légal : 2020
Bibliothèque et Archives nationales du Québec Bibliothèque et Archives Canada
© Éditions de l'Érablière
C.P. 8886, succ. Centre-ville
Québec, Canada (H3C 3P8)
Droits de traduction et de reproduction réservés pour tous les pays.
Toute reproduction, même partielle, de cet ouvrage est interdite
ISBN 978-2-9817996-3-0
Crédit-photo :

https://www.publicdomainpictures.net/fr/view-image.php?image=252093&picture=paysage-du-desert-de-l39arizona
https://pixabay.com/fr/photos/paysage-d%C3%A9sert-usa-arizona-navajo-3564586/

Joseph Mbuyi Ntambua

Ils te feront la guerre, mais ils ne te vaincront pas!

Éditions de l'Érablière

DÉDICACE

À Ma chère épouse Bibi Mitongo Apocalypse et nos enfants bien-aimés

Assael Mbuyi,

Winner Mbuyi

Prince Kanku

Marco Tshimanga.

En reconnaissance profonde de votre amour et vos encouragements constants.

PRÉFACE

Ils vous feront la guerre ....

À quelque race ou à quelque condition qu'appartienne l'homme, celui-ci éprouve un irrésistible attrait vers des biens qu'il ne possède pas. Le Dieu de toute bonté a mis cette aspiration dans notre fort intérieur, notre nature, pour qu'aucune chose mauvaise, bonne ou même excellente parmi celles qui ne sont accessibles, ne puisse nous procurer une entière satisfaction. Dieu veut que l'homme cherche les biens, les meilleurs et qu'en eux il trouve l'essentiel du bonheur éternel.

Cet ouvrage a pour objectif de montrer que la vérité est DIEU, sa parole est, et demeure éternellement.

L'homme est par essence en Jésus-Christ l'objet de l'amour et de la miséricorde de Dieu, l'unique désir du diable est de déjouer le plan divin pour la rédemption de l'homme, et de déshonorer Dieu en dépravant et en souillant sa créature.

Dans les pages qui suivent, l'auteur, un homme ayant une longue et profonde expérience des choses divines, a mis en évidence les péripéties et l'imminence de la guerre que doit mener tout chrétien, le combat n'est pas d'un jour mais de toujours, voulez-vous devenir victorieux alors conscientise ton combat et orientes tes armes.

Le combat de la foi auquel nous sommes engagés se mène essentiellement avec la connaissance de Dieu et de sa parole, nous devons rappeler à Satan ce que Dieu dit de nous dans sa parole. En le faisant, nous semons la confusion dans son camp, paralysons son armée et ses attaques invisibles.

En présentant ce livre au public, nous demandons que ce message du combat devienne parole de vie pour beaucoup des lecteurs dont les aspirations et les désirs n'ont pas encore été exaucés.

Bernard BANGA NTANTU

Homme de Dieu

INTRODUCTION

La beauté de la vérité c'est que la vérité ne meurt jamais, elle se révèle toujours si pas maintenant, demain c'est certain.

Dans son amour éternel, Dieu, nous a fait grâce de la vie en abondance dès le commencement, avant notre existence physique, il nous a prédestinés à des grandes choses, à une vie meilleure et comblée en tout. Pour certains penseurs, la vie commence après la naissance alors que pour les autres, elle commence avant la naissance physique. Le cas du prophète Jérémie est frappant, Dieu affirme le connaitre avant qu'il soit formé dans le sein de sa mère et l'aurait déjà consacré prophète avant de naitre. (Jérémie 1 :5).

Dieu connaissait Jérémie avant même de l'avoir tissé dans le ventre de sa mère, et il savait également ce qu'il deviendrait dans le futur. Ces versets s'appliquent à chaque être humain, à chaque chrétien, Dieu connait la fin de chacun de nous dans sa préscience et cela depuis le commencement.

La science ajoute que lorsque les 23 chromosomes d'un sperme s'unissent aux 23 chromosomes de l'ovule, une nouvelle unité de 46 chromosomes est formée et l'on peut affirmer qu"un nouvel être humain est formé, rien ne peut être ajouté à ce processus divin, si ce n'est le temps et la nourriture. Il a été aussi prouvé et confirmé médicalement que le cœur d'un bébé commence à battre entre 14 ième et 28 ième jour qui suit la conception, c'est-à-dire avant même que la mère n'est réalisée qu'elle est enceinte, le bébé vit déjà. Une fois de plus cela confirme l'existence avant le temps que les hommes fixent.

Tu ne vis pas par hasard et tu n'es pas devenu un chrétien par accident ou par les circonstances de la vie, ou encore par la volonté d'un homme mortel, mais Dieu savait dès la fondation du monde que tu naitrais et recevrais Jésus-Christ, Il a accepté dès la fondation de venir habiter en toi. Il ne peut pas avec le temps changer sa pensée au sujet des décisions qu'il a prises dans son éternité.

Il t'a connu avant toutes choses avec tes faiblesses, tes ratés et tes chutes, pourtant il a ordonné qu'en Christ, tu parviennes à une connaissance salutaire. Cette « pré connaissance » et cette « pré-ordination », il les a maintenant accomplies en pratique, en t'amenant à la connaissance parfaite de son fils, qui est la vérité éternelle. Rien ne peut détruire le plan préétabli de Dieu. La parole de Dieu déclare ceci :

« *Car, ceux qu'il a connus, d'avance, il les a aussi prédestinés à être semblables à l'image de son fils, afin que son fils fût le premier né entre plusieurs frères. Et ceux qu'il a prédestinés, il les aussi appelés ; et ceux qu'il a appelés, il les aussi justifiés et ceux qu'il a justifiés, il les aussi glorifiés* » (Rom 8.29-30), cela est l'œuvre de Dieu du début jusqu'à la fin, bien aimé.

Il t'a connu d'avance ;

Il t'a prédestiné ;

Il t'a appelé ;

Il t'a justifié ;

Il t'a glorifié.

Il ne t'a pas connu comme une personne parfaite, merveilleuse, pieuse et bien intentionnée, non, il t'a connu comme un pécheur, un rebelle, un récalcitrant, un menteur, un criminel. Il ne t'a pas prédestiné parce que tu étais bon, et irréprochable, tout au contraire, il l'a fait parce que tu étais désespéré et moribond, vivant dans l'angoisse, dans la crainte et la peur de mourir à tout moment.

Il ne t'a pas appelé parce que tu étais spécial, mais c'est par son amour insondable, irréfutable et sans contrainte qu'il l'a fait. Vous n'êtes pas venus dans ce monde par erreur ou de façon occasionnelle. Dieu attend de votre vie un accomplissement à la lettre, de son plan divin, *car il a entre ses mains les détails de votre vie toute entière et les circonstances qui l'entourent sont gravées dans ses mains.*

Aujourd'hui, la vie chrétienne est une contradiction, un paradoxe et une tragédie de l'évangile que les chrétiens proclament et confessent, ils vivent pratiquement l'opposé de ce qu'ils déclarent et recherchent, ils sont devenus faibles dans le combat, anéantis par les interprétations erronées de la parole de Dieu, ignorants des écritures saintes et les techniques de combat spirituel, ainsi, ils sont perdants à tout bout de champs dans la guerre qu'ils livrent au quotidien.

Ils sont démunis de la puissance de Dieu et de son Esprit, et ils vivent, agissent et réagissent comme si Dieu, **leur TOUT PUISSANT Dieu,** le créateur de toute chose était absent dans leur vie, cela ne doit pas continuer ainsi.

Et pourtant, Dieu, leur a donné TOUT POUVOIR sur toute autre créature, le pouvoir de marcher, de dominer, de remporter des victoires, de sortir gagnant dans tout combat, de vivre une vie heureuse. Ce pouvoir nous est confirmé dans les Psaumes 8.7-8 dit : « *Tu lui as donné la domination sur les œuvres de tes mains, tu as tout mis sous ses pieds* ».

Les écritures déclarent la souveraineté de Dieu de la manière si claire en ces termes : Oui, ce que j'ai décidé arrivera, ce que j'ai résolu s'accomplira, a qui me comparez-vous, pour le faire mon égal ? À qui me ferez-vous ressembler, pour que nous soyons semblables ? Mes arrêts subsisteront, et j'exécuterai toute ma volonté.

Alors comment le chrétien doit se comporter pour recouvrer ses capacités, sa puissance acquise dès le commencement pour atteindre le but de la création celui de dominer sur la terre et récupérer tout ce qu'il a perdu ? Quelles sont les armes que Dieu a mises à sa disposition pour ce combat ?

Quelles sont les capacités et qualités de ces armes redoutables enfouies en nous ?

Les armes du malin feront –elles face aux armes de Dieu ?

Quelles sont les étapes du combat spirituel ?

Qui est combattant du christ par excellence ?

Le combat lui-même est-il dans le plan de Dieu et pourquoi et comment doit-on combattre et devenir victorieux ?

Telles sont ces interrogations qui avec l'aide de l'Esprit du seigneur nous allons essayer de répondre tout au long de ces pages.

CHAPITRE 1. L'IMMINENCE DE LA GUERRE SPIRITUELLE

Pour combattre le diable, il faut être spirituellement vivant

L'homme est par essence en Jésus-Christ l'objet de l'amour, de l'attention et de la miséricorde de Dieu, cet amour divin enflamme Satan contre l'espèce humaine, voilà pourquoi, l'unique désir du diable, et sa mission principale est de déjouer le plan divin pour la rédemption de l'homme, le diable veux déshonorer Dieu en dépravant et en souillant sa créature.

Il fera gémir le ciel, puis il désolera la terre, et alors il s'en prendra à Dieu en déclarant que tout ce mal est le fait de la création et de la confiance placée dans l'homme par Dieu et il l'accusera d'avoir créé l'homme à son image.

Pourquoi l'adversaire, le diable, utilisant toutes ses forces et toute sa puissance dans ce combat ne rencontre-t-il pas une résistance énergétique des chrétiens ? Pourquoi les soldats du Christ, les intercesseurs, les combattants d'aujourd'hui sont-ils indifférents dans le combat, dans la prière et dans la vie en général ?, La réponse est si simple : **Tout simplement parce qu'ils sont lamentablement dépourvus de l'Esprit Saint.**

Le péché ne leur est plus odieux, le péché est devenu le moindre mal dans l'Eglise corps du Christ, le péché ne gêne plus l'homme, et il vit ainsi au quotidien, le péché est justifié par la crise sociale, par la crise économique, par la crise familiale, par l'infidélité et les injustices des uns et des autres et toute autre raison humainement plausible.

Ils ne se rendent plus compte de l'excessive malignité du diable et de ses anges maléfiques, les chrétiens sont devenus des aveugles et vivent une confusion terrible dans leur vie, touchant même la nature et la puissance du prince des ténèbres, ils ignorent sa malice et son astuce dans la guerre qu'il dirige contre eux, contre le Christ et son Eglise.

Cette guerre prédite depuis la nuit de temps, une guerre vraie, imminente et réelle, et pour laquelle personne ne pourra échapper, nous sommes tous obligatoirement engagés, alors ne demeurons pas dans l'inconscience noire et spirituelle, ne continuons pas à demeurer des chrétiens irrésolus. Prenons tous, toutes les armes à notre disposition et allons-y combattre, ne craignons rien, car *nous sommes le fils de la victoire*.

SECTION 1. PRENDRE CONSCIENCE DE L'EXISTENCE DE LA GUERRE

« La responsabilité de devenir libre reste honnêtement votre volonté et votre détermination. »

À l'origine, l'homme était doué de facultés nobles et d'un esprit bien équilibré, physiquement parfait et moralement en harmonie avec Dieu. Ses aspirations étaient pures et saintes, mais ses facultés ont été perverties par la désobéissance et le péché, ainsi l'égoïsme a pris dans son cœur la place de l'amour divin qui était enfoui en lui.

Sa nature morale a été altérée et corrompue par la transgression de la loi de Dieu qu'il lui est devenu impossible, par sa propre force et son intelligence, de résister à la puissance du mal. Il est devenu captif de Satan. Le but essentiel du tentateur, le diable était de fausser le dessein divin en vue duquel Dieu créa l'homme et de couvrir la terre de ruines et de la désolation.

La guerre est en cours entre Dieu, ses forces armées d'un côté, et le diable et ses armées de l'autre. Que tu le veuilles ou non, tu es engagé dans cette guerre, si tu as reçu le seigneur

Jésus comme ton seigneur et sauveur, Dieu t'a enrôlé dans son armée et il s'attend à ce que tu combattes pour lui et avec lui.

Si tu n'as pas encore reçu le seigneur Jésus comme ton seigneur et sauveur personnel, tu es du côté du diable. Tu es un soldat à part entière de son armée, même si tu as de bonnes intentions.

Si tu n'appartiens pas encore au seigneur Jésus, alors le diable veut s'assurer que tu ne puisses jamais quitter son armée et si tu appartiens déjà au seigneur Jésus, alors le diable voudra :

-te rendre de plus en plus inefficace, médiocre, fainéant...

-faire de toi un traitre dans l'armée du seigneur Jésus.

Il est triste de voir des nombreux chrétiens vivre et marcher librement sans être conscient de la guerre invisible d'eux et qui qui est une réalité. C'est pourquoi ils sont constamment victimes, surpris et perdants. Si un ennemi vous combat, et que vous ne semblez pas le savoir, vous rendez sa victoire certaine.

Le combat invisible auquel tu es soumis est réel, tu es obligé de vaincre, car Jésus aussi a humainement vaincu, voilà pourquoi il demeure le modèle de vainqueur parfait.

Dieu en créant le monde n'avait qu'un seul but, que chaque chose dans sa création lui obéisse, le serve et vive pour lui et le monde devrait exister pour sa seule gloire et enfin il créa l'homme pour que celui-ci a son tour domine sur toute la création. Ps 8 :6 dit : « ***Tu lui as donné la domination sur les œuvres de tes mains, tu as tout mis sous ses pieds*** ».

Lorsque Dieu fit l'homme à son image selon sa ressemblance, c'était sa nature qu'il transférait dans sa création, ainsi l'homme portait en lui, le même code génétique que son créateur, la même référence que le Tout Puissant.

Et cela lui donnait la capacité de se tenir dans sa présence et de manifester le potentiel de domination enfouie en lui en toute circonstance et en tout lieu, cette domination n'était rendu possible que si les données génétiques de l'homme restaient identiques à celles du créateur, mais le moindre changement provoquerait le verrouillage automatique du chevron qui enclenche le moteur de la domination.

Dans les pensées de Dieu, l'homme doit combattre pour récupérer sa place de choix, et dominer sur les créatures mises à sa disposition et vivre aisément comme un vainqueur. Le sang de Jésus a été versé pour que nous devenions une race acquise, un sacerdoce royal. Pour que nous devenions de dieux, des fils du Très Haut. (Psaumes 82 :6)

Avant que le sang ne soit versé, nous étions des esclaves et pour qu'un esclave puisse accéder à la grandeur, il doit prendre des armes, il doit combattre, il doit être fort, il doit être courageux, il doit être intelligent et sage.

SECTION 2. POURQUOI COMBATTRE ? LES RAISONS DE LA GUERRE SPIRITUELLE

Plusieurs familles aujourd'hui sont dans les liens spirituels tant et si bien que leur santé, finances, projets et psychologie en sont affectés. Dans cette section, nous détaillons quelques mobiles justifiant le sérieux du combat à mener, nous devons combattre pour :

a. Détruire les œuvres du diable dans nos vies et celles des autres ;

b. Libérer les captifs. Beaucoup des chrétiens sont tenus dans les liens, captifs du diable. Une priorité de cette guerre est de libérer les captifs des chaines affligeantes de l'esclavage de l'ennemi ;

c. Ouvrir les yeux des aveugles, l'ennemi a bandé les yeux d'une multitude de personnes et les maintient dans les ténèbres spirituelles ; Paul s'adressant aux corinthiens, dit : « Pour les incrédules dont le dieu de ce siècle a aveuglé l'intelligence, afin qu'ils ne vissent pas briller la splendeur de l'évangile de la gloire de Christ, qui est l'image de Dieu ». 2 Corinthiens 4.4

d. Pour rendre la liberté à ceux qui sont meurtris, Dieu prédit que le diable blessera le talon de la descendance de la femme. Depuis lors, il n'a pas arrêté de blesser les cœurs, les âmes, la santé physique des hommes...

e. Guérir les cœurs brisés qui ont besoin de la guérison ; beaucoup de cœurs ont été grièvement blessés par le diable. Ils ont fortement besoin de la guérison. Cette guérison surviendra quand les esprits qui les ont brisés seront arrêtés.

f. Livrer publiquement en spectacles les puissances des ténèbres : « il a effacé l'acte dont les ordonnances nous condamnaient et qui subsistait contre nous, et il l'a détruit en le clouant à la croix ; il a dépouillé les dénominations et les autorités, et les a livrées publiquement en spectacles en triomphant d'elles par la croix » Jésus Christ a livré en spectacle le diable et a nous a donnés toute autorité, nous sommes tenus d'agir similairement.

g. Maintenir notre victoire en Christ, Jésus a vaincu l'ennemi sur la croix, et nous devons constamment vivre dans cette victoire. Nous devons nous engager dans la guerre spirituelle si nous voulons nous réjouir à perpétuité de cette victoire. Timothée 6.12

h. Posséder notre possession, beaucoup des choses nous appartiennent par la vertu de la victoire que Jésus a remportée pour nous sur la croix, par la guerre spirituelle, nous sommes capables de les saisir et d'en faire notre propriété réelle. Le diable n'abandonne pas facilement, il réclame intentionnellement les choses que Jésus nous a données gratuitement, le diable est prêt à se battre jusqu'au dernier souffle, usant de toutes ses forces et moyens.

SECTION 3. COMMENT COMBATTRE ?

Vous êtes engagé dans une guerre, Si vous ne savez pas cela, vous n'avez pas droit à la victoire.

La première chose que vous devez comprendre, c'est que dès votre naissance, vous êtes enrôlé contre votre volonté dans une guerre qui durera toute votre vie. Si vous êtes ignorant de cette réalité, vous n'avez pas droit à la victoire.

Un vainqueur n'émerge pas d'une situation sans combat, il sera ridicule de vous proclamer verbalement vainqueur, vous devez et vous allez combattre.

Plusieurs chrétiens se posent la question : pourquoi dois-je combattre ? Après tout, christ a remporté la victoire pour moi à la croix. Tant des chrétiens aujourd'hui vivent une vie confortable, meilleure, il est tout à fait naturel qu'ils ne souhaitent pas voir leur confort dérangé, enlevé ou disparaitre avec des combats interminables.

Ce combat de la vie est un fait qui commence dès notre naissance et elle continuera jusqu'à ce que nous entrions dans le tombeau, sachez également que les gens se blessent et subissent aussi des pertes énormes dans ces batailles. Le diable, qui est le contrefacteur par excellence, a profité des dispositions naturelles de l'homme à chercher les bénédictions pour tromper ce dernier et l'amener à les chercher en dehors du créateur de toute chose.

Et pourtant en dehors de Dieu, tu ne pourras jamais atteindre le but de la création pour lequel tu as été créé, *en dehors de Dieu tout est illusoire et tromperie.*

Tu ne peux pas réussir et faire réussir ta progéniture et demeurer en paix en dehors de Dieu, C'est ainsi que le diable a mis en place des mécanismes, des moyens, des rituels et des cérémonies pour envouter et mettre les personnes dans les prisons spirituelles juste pour de l'argent et ou du succès.

Dans Matt. 10.34-39, Jésus dit : « *Ne croyez pas que je sois venu apporter la paix sur la terre, je ne suis pas venu apporter la paix, mais l'épée. Car je suis venu mettre la division entre l'homme et son père, entre la fille et sa mère, entre la belle fille et la belle-mère ; et l'homme aura pour ennemi les gens de sa maison.* »

Celui qui aime son père ou mère plus que moi n'est pas digne de moi, et celui qui aime son fils ou sa fille plus que moi n'est pas digne de moi ; celui qui ne prend pas sa croix, et ne me suit pas, n'est pas digne de moi. Celui qui conservera sa vie la perdra, et celui qui perdre sa vie à cause de moi la retrouvera. »

Remarquez que Jésus dit, au verset 34 : « Ne croyez pas que je sois venu apporter la paix sur la terre, mais l'épée » cela contredit directement cet évangile de paix et d'amour que l'on prêche au quotidien dans nos églises. Ensuite, au verset 39, Jésus dit : « que celui qui conservera sa vie la perdra, et celui qui perdra sa vie à cause de moi la retrouvera ».

Le vrai christianisme implique le combat spirituel au quotidien, si nous vivons comme le demande le seigneur, le fait de perdre sa vie montre qu'il ne s'agit pas d'un jeu, mais d'une d'affaire importante et sérieuse, car c'est de la volonté de Dieu que tu combattes.

Matt.10 :16 affirme cette prise de conscience du combattant en ces termes : « *je vous envoie comme des brebis au milieu des loups, soyez donc prudents comme les serpents, et simples comme les colombes.* » si la brebis ignore l'existence des loups, et ne prend pas garde à sa vie, celle-ci est vouée à la mort.

Bien aimés, Jésus ne nous promet nullement un chemin tapissé de pétales de roses contrairement à ce que pensent plusieurs chrétiens et plusieurs messages d'aujourd'hui.

Car nous n'avons pas à lutter contre la chair et le sang, mais contre les dominations, contre les autorités, contre les princes de ce monde de ténèbres, contre les esprits méchants dans les lieux célestes. (**Ephés.6.12**) Nous combattront jusqu'à la fin telle est la pensée de Dieu. Nous revenons avec force détail au chapitre 6, sect.4

Alors, aussi longtemps que Satan peut vous maintenir dans l'incrédulité, dans les doutes et vous retenir dans le domaine du raisonnement et de la logique humaine, il vous battra à chaque bataille. *Mais si vous le maintenez dans le domaine de la foi et de l'esprit, vous le battrez à chaque fois. Il ne discutera pas avec vous dans la foi en Christ et sur le nom puissant du Christ.*

Comment combattre pour remporter la victoire? Il a fallu que je me pose la même question, pourquoi tant d'échecs dans ma vie ? Pourquoi tant des souffrances ? Pourquoi trop des conflits dans ma vie et ma famille ? Pourquoi toutes ces maladies ? Pourquoi mes enfants n'avancent pas ? Pourquoi ? Et pourquoi encore...

Pourquoi ma vie professionnelle stagne ? Pourquoi mes affaires ne tournent pas ? Pourquoi mon mariage est un calvaire ? Comment répondre à toutes ces interrogations sans être engager dans le combat réel ?

Et comment vivre le bonheur et être heureux sans au préalable trouver des réponses adéquates à ces questionnements ? Comment rester souriant, calme et serein devant toutes les réalités de la vie ? Comment vivre en paix avec cette vie de misère et de contradictions. Et pourtant, Paul nous avertit dans Ephésiens 6 :13, dit. : *C'est pourquoi prenez l'armure complète de Dieu, afin que, au mauvais jour, vous puissiez résister, et, après avoir tout surmonté, tenir ferme.*

Avant de commencer à réfléchir à comment combattre, nous devons d'abord apprendre à nous battre. Dans tout combat, il faut de la stratégie et de la sagesse pour gagner. À ce point, vous devez avoir compris pourquoi beaucoup de combats qui ont été menés spirituellement et ont été perdus.

Quelle est la meilleure stratégie ?

La meilleure manière de combattre sans subir la moindre défaite ou blessure, c'est d'amener l'Eternel des armées, celui qui ne peut jamais perdre, à mener le combat à votre place, à le mettre devant comme un bouclier, un rempart.

Dans Exode 14 :13 et 14, Moïse répondit au peuple *: Ne craignez rien, restez en place, et regardez la délivrance que l'Eternel va vous accorder en ce jour, car les Egyptiens que vous voyez aujourd'hui, vous ne les verrez plus jamais. Et Moïse termine sa phrase en disant :* **l'Eternel combattra pour vous ; et vous, garder silence.** Et aussi dans Juges 14 :5-6 nous voyons Samson en chemin vers Thimna. Samson déchira en deux un lion qui marchait sur lui.

La Bible affirme dans ce passage que Samson n'avait rien en main. Cependant, son secret est livré en ces termes : **L'Esprit de Dieu se saisit de lui, <u>ses mains ont été prises en charge par l'esprit de Dieu et c'est la puissance du Tout Puissant qui déchira le lion comme on déchire un chevreau.</u>** Ainsi, la meilleure stratégie est d'amener Dieu à combattre pour nous et à notre place. Que le seigneur prenne notre combat à charge, comme il avait pris les mains de Samson en charge pour déchirer le lion. Comment pouvons-nous arriver à le faire combattre à notre place ?

- **Demeurer saint** : si nous voulons rester devant lui, nous devons être prêts dans la pureté et la sanctification.

- **Louer et adorer Dieu** : en plus de la sainteté,

   notre vie doit être faite des louanges et d'adoration

   de Dieu.

Vous n'aurez jamais besoin d'une armure dans un cadre normal et paisible, c'est la folie pour un homme d'être lourdement armé comme un soldat romain avec casque, bouclier, cuirasse, si ce n'est pour aller en guerre.

Dans la guerre physique, une armée est préparée avant le début des conflits, vous allez devoir espionner, connaitre les équipements, le réseau de communication de l'ennemi...

Pour bien combattre et remporter la victoire, vous êtes obligé de connaitre votre ennemi, ses techniques, ses plans, ses armes, vous aller tout faire pour trouver le moyen le plus rapide de vaincre et d'éviter les dommages, sinon vous courrez à votre perte...

Ne prenez jamais le combat spirituel à la légère, pour ce combat, votre ennemi le diable, le mène à fond de tout son cœur et avec toutes les stratégies possibles pour vous détruire, vous anéantir, pour briser votre famille, pour que votre mariage soit un échec.... il fera tout son possible pour vous anéantir.

SECTION 4. LA CONNAISSANCE DE L'ENNEMI : LE DIABLE

La meilleure stratégie militaire voudrait savoir quelques faits de base sur l'ennemi qu'il faut combattre, quel est son objectif, quel est son plan ? Quel est son emplacement, ses tactiques, ses points faibles, ses mouvements ? Quelles sont les ressources et moyens à sa disposition ? Si vous ignorez qui est votre ennemi et où repose sa force, vous risquez de jouer facilement entre ses mains et être détruit, si vous connaissez qui est votre ennemi, et quelle est sa force, vous êtes mieux équipés pour lui faire un affront.

Dans juge 16, la bible raconte l'histoire de Samson et des philistins. Aussi longtemps que les philistins ignoraient le secret de la force de Samson, ils ne pouvaient pas le vaincre.

Mais aussitôt qu'ils ont découvert que le secret de sa force était dans ses cheveux, ils réussirent à les couper. Samson devint comme de la pâte à modeler entre les mains des philistins. Une fois le secret de ta force connu de tous, vous êtes mort.

Quand nous prions contre les ennemis, beaucoup ne comprennent pas cela et certains disent même qu'ils n'ont pas d'ennemis. C'est l'ignorance et l'aveuglement qui sont à l'œuvre. Qui est votre ennemi : *l'ennemi c'est tout pouvoir, tout esprit, toute force agissant contre l'accomplissement du dessein de Dieu pour votre vie, tout pouvoir qui dérange la mission de Dieu, qui sabote la mission assignée par Dieu pour votre vie, tout esprit qui augmente votre doute et qui diminue votre foi en Dieu. Cet ennemi peut être visible ou invisible.*

Beaucoup des gens trouvent cela difficile à croire, ou ils ne veulent pas comprendre, leurs esprits ont été programmés pour croire que certaines personnes physiques sont responsables de leurs problèmes, ainsi ils cherchent et trouvent l'Homme physique comme le véritable ennemi de leur vie, et pourtant le combat comme l'ennemi sont tous spirituels.

Le problème est que le Diable veut vous empêcher de l'identifier lui comme votre ennemi potentiel et passe par cette subterfuge pour accuser l'homme physiquement et vous empêcher de le combattre lui ouvertement.

La bible affirme que nous n'avons pas à lutter contre la chair et le sang ! Les êtres humains ne sont pas nos ennemis, le diable a utilisé ce mensonge particulier pour désorganiser, désorienter et désintégrer des foyers et des familles. C'est le diable au travail. Cessez de regarder les êtres humains comme votre problème. Dieu ne vous pas a appelé dans un combat physique, de corps à corps, mais à un combat de la foi et de la vérité, à un combat spirituel.

SECTION 5. LES STRATEGIES DU DIABLE

Le diable attaque par le rugissement et par la ruse

Satan est un ennemi vaincu, mais qui n'est pas encore hors circuit. À la croix de Golgotha, le sauveur a rencontré toute la force et la puissance de Satan. Il a vaincu le diable, par la mort il a rendu impuissant celui qui avait le pouvoir de la mort. (Heb. 2 h 14).

Le jugement est tombé sur Satan et sur ses vassaux, mais il n'est pas encore exécuté. Dans les limites que Dieu lui a assignées, il est encore actif. Le diable a une très grande expérience dans la manière d'attaquer l'homme. Le nouveau Testament montre deux méthodes fondamentales que le diable utilise pour attaquer l'homme : il viendra à vous sous forme d'un lion rugissant ou d'un serpent rusé.

Pierre parle du lion rugissant (1Pierre 5 :8). Satan n'a plus ni force ni puissance contre nous. Il cherche à vous intimider par le rugissement, à nous faire peur sur le chemin à travers le désert. C'est sa manière d'agir dans les circonstances de la vie. Les ruses de Satan sont peut-être plus dangereuses que ses menaces de puissances.

Le mot ruse peut aussi être traduit par artifice, feinte, pièges. Les méthodes de Satan sont très futées et on a de la peine à reconnaitre comment il s'y prend pour atteindre son but. Si d'un côté il ne faut pas se laisser intimider, d'un autre il faut être sur ses gardes. Ce n'est pas pour rien qu'il nous est dit que Satan prend parfois la forme d'un ange de lumière. Satan est passé maître en matière de déguisement (2Cor.11 :14). Cette tactique est extrêmement dangereuse et beaucoup de chrétiens s'y sont laissé prendre. (2 Cor.11.3).

Le serpent est une image bien connue de Satan comme séducteur, rusé, cherchant à faire chuter l'homme. Il peut nous détourner du dévouement et de l'amour du seigneur dans la vie pratique pour que nous ne jouissions plus des bénédictions spirituelles. C'est pourquoi il est très important de résister au diable, sous quelque forme qu'il se présente. (Jacques 4:7)

La bible donne des exemples des gens qui ont résisté au diable comme lion rugissant, et qui se sont fait prendre par lui comme un serpent : Gédéon (Juges 8), l'homme de Dieu de Juda de 1 Rois 13. La première des ruses est de semer le doute (Gén.3). Une autre ruse, est de mélanger le bien et le mal. Faire très attention à ce que nous consommons, une belle étiquette pieuse ne garantit pas la qualité de la marchandise.

Vouloir lire la bible sur l'épitre aux Ephésiens pendant ses heures de travail professionnel, serait un mauvais témoignage ! une autre ruse de Satan est de sur-occuper ceux qui travaillent, pour qu'ils n'aient plus le temps pour penser à leurs bénédictions dans la communion avec le seigneur. Il faut être vigilant.

Nous revêtons le nouvel homme, non pas dans les endroits tranquilles ou dans les réunions, mais là où c'est le plus difficile : c'est dans la vie de tous les jours, dans la vie de famille ou la vie professionnelle. Satan nous attaque par ses ruses dans nos relations terrestres, afin que notre caractère céleste ne soit plus visible.

La ruse et l'habilité de l'ennemi ne se surmontent pas par davantage d'habilité humaine, car sur ce terrain, on est toujours battu. Il n y a pas besoin de connaitre chaque ruse et chaque feinte de l'ennemi. Non, il faut plutôt s'exercer à reconnaitre la voix du bon berger.

Si nous connaissons la vérité et l'opposons à la ruse de Satan, le diable ne peut plus rien gagner. Cela encourage. La simple obéissance de la foi à la parole de Dieu est une des armes que Dieu nous a données dans la main (Jean 4 :6).

La tromperie : est le principal moyen d'action du diable

Le diable pousse les gens à croire que le faux est vrai, et que le vrai est faux, il détourne, il séduit, et induit en erreur. Il trompe ceux qui ne sont pas sauvés en les poussant à suivre le train de ce monde, à suivre le prince de la puissance de l'air, et à vivre dans les passions de la chair, en suivant les désirs du corps et de la pensée.

- il trompe le non-croyant en lui offrant plusieurs religions dans lesquelles il s'engage, de sorte qu'il devienne confus et perde de vue sur Jésus-Christ qui est le chemin, la vérité et la vie ;

- il trompe les non-croyants en faisant qu'ils soient engagés de manière fanatique au pseudo-christianisme et partant, les garde de manière éloignés de la vérité éternelle;

- il trompe les chrétiens en leur faisant penser que les contacts avec les péchés n'auront pas d'effet sur eux… **lire 1 corinth.15 :33-34**

- il trompe les chrétiens en les poussant à penser que les injustes et les menteurs hériteront le royaume de Dieu. **Lire 1 Corinth. 6 :9-10**

- il trompe les chrétiens en leur faisant croire qu'ils ne récolteront pas ce qu'ils sèment… lire **Galates 6 :7-8**

- il trompe les chrétien en leur faisant croire qu'ils sont saints, quand bien même ils vivent dans les péchés, ils ne contrôleraient pas leurs langues, attitudes et comportements… **lire Jacques 1 :26-27**

- Il trompe les chrétiens en leur faisant croire qu'ils n'ont pas des péchés… **lire 1 Jean 1 :8-9**

- il trompe les chrétiens en leur faisant croire qu'ils sont en train de faire des progrès spirituels en écoutant la parole de Dieu sans obéir à celle-ci… **lire Jacques 1 :22-25.**

Le diable vous trompe aussi quand :

- vous êtes sincères mais ignorants, à l'exemple de Pierre qui était sincère mais ignorant, s'adressant à Pierre, Jésus s'exclama et dit : arrière de moi Satan,... **lire Matt. 16 :21-23**

- vous êtes soumis mais négligents dans les affaires de Dieu...

- vous êtes fidèles mais peut facilement être séduit....

SECTION 6. POURQUOI DIEU CREE UN TEL ENNEMI ?

Cet ange déchu, était parfait en beauté, il avait la gloire immense dans le ciel, Il était le plus élevé dans la hiérarchie des anges. Il prenait soin du trône de Dieu, il marchait devant Dieu, mais il est devenu Satan lorsque l'iniquité fut trouvée en lui.

En conséquence, il a été chassé du ciel et précipité sur la terre, depuis ce jour, il a dressé sa tente contre Dieu, ses élus et le salut des gens, c'est pourquoi il est votre vrai ennemi. (Ezéchiel 28.12.15)

Le diable ne vient jamais seul, il a ses alliés, il y a dans la création du monde d'anges puissants dont nous ne soupçonnons que peu de choses. Il y a des anges élus (lire Tim. 5 :21) et des anges de Satan (2Corint. 12.7) Le diable est à l'origine de tous vos problèmes et combats, il est votre accusateur devant Dieu.

Il a juré que rien de bon ne se passera pour vous, c'est là que le combat est.

Vous ne pouvez pas vivre en ignorant cette vérité, Il ne voudra pas vous voir progresser dans la vie, il veut ruiner toutes vos activités, votre carrière, votre mariage, votre vie, votre famille, votre santé, votre mari, votre épouse, vos enfants, l'exemple de Job est une réalité à laquelle tu dois comprendre, il fait toujours pression sur vous et cela depuis longtemps, pour vous éloigner de Dieu, de sa volonté, de son plan merveilleux pour toi et ta famille, et ses pensées pour vous sont toujours mauvaises. Il ne vous apprécierait jamais...

De même Dieu est la lumière, le chemin, la vérité et la vie, le diable est l'obscurité totale et absolue. Tout comme il n y a pas de ténèbres en Dieu, il n'y aura jamais de lumière dans le diable. Beaucoup de gens sont sous le joug satanique parce que Satan réclame toujours un droit de propriété sur la vie, pour la protection éphémère qu'il leur a une fois apportée, pour le peu des succès terrestres et mondains qu'il leur a offert, pour le peu de joie avec des larmes qu'il offre avec conditions et sacrifices.

- Les dangers ignorés.

L'un est de surestimer l'ennemi, l'autre est de le sous-estimer.

Nous n'avons pas à craindre l'ennemi, car même puissant, intelligent et rusé, il est vaincu. Il ne peut rien nous faire si nous nous tenons assez près du Seigneur. Nous vivrons probablement davantage dans les faveurs du Roi si nous vivons à ses pieds.

Le diable n'est ni tout-puissant, ni omniscient, ni omniprésent. Ces attributs n'appartiennent qu'à Dieu. David savait que Goliath était plus fort que lui, mais il savait aussi quelles armes et quelles ressources étaient à sa disposition.

Ne sous-estimons pas l'ennemi. Notre force n'est pas en nous, mais dans le Seigneur. Notre propre intelligence ne peut pas le surmonter. Si nous revêtons l'armure de Dieu, nous serons du côté du vainqueur. Samson est l'exemple d'un homme qui a sous-estimé l'ennemi ; inconscient du danger où il se mettait, il a joué avec le feu et s'est confié dans sa propre force, dans son intelligence stérile, croyant toujours s'en sortir des pièges du diable.

Il se trompait et a fini aveugle, impuissant, dans la prison de l'ennemi (Juges 16:21).

SECTION 7. LE DIABLE EN DESACCORD AVEC LE PLAN DE DIEU

Bien aimé, le diable ne vous laissera jamais hors de cette guerre, il est constamment à l'œuvre pour s'assurer de ne pas perdre la bataille. Si vous regardez très bien, les circonstances et les situations qui entourent votre vie, votre famille, votre mariage, vos enfants, vous remarquerez bien que cette guerre contre vous est réelle et vraie. Aujourd'hui beaucoup des choses graves et terribles se produisent dans le monde non pas par la volonté de Dieu, mais le diable et ses démons sont à l'œuvre pour détruire et anéantir le choix de Dieu.

Interrogez-vous sur la santé des enfants dans votre ménage, sur leur scolarité, sur leur entourage, regardez autour de vous, examiner votre situation sociale, votre revenu mensuel, votre parcours chrétiens, vos projets non réalisés, des combats de chaque jour, toutes ces choses doivent vous interpellés sur votre marche chrétien et sur la volonté de Dieu.

De nouvelles maladies mortelles et incurables sont injectées dans le monde, des calamités et catastrophes non élucidés, des conflits armés, des rebellions, des épidémies, des crimes odieux, la pauvreté, des crises économiques et financières, la déchéance dans tous les domaines de la vie et de la société... .

Il n'a qu'un seul objectif le diable : *Détruire la couronne de Dieu : L'HOMME*

Tous les maux dans le monde d'aujourd'hui sont l'œuvre du diable, Dieu ne tente aucun homme avec le mal, il ne peut détruire ce qu'il a créé dans son amour parfait. Certes, des problèmes et des difficultés viendront, votre propre combat doit venir, vous ne pouvez pas y échapper.

Tout chrétien y est impliqué, vous ne pouvez pas dire : je n'ai aucun combat, je n'ai pas d'ennemis, car je dors bien, j'ai une bonne situation financière, bon patrimoine et je me réveille en paix. Seul l'insensé couronné de l'ignorance peut tenir ces propos dépourvus de sens et de rationalité.

Au-delà de toutes ces calamités, Dieu d'amour est toujours là pour nous rassurer, dans Esaïe 43:2, il dit : « *quand tu passeras par les eaux, je serai avec toi, et les rivières, elles ne te submergeront pas ; quand tu marcheras dans le feu, tu ne seras pas brulé, et la flamme ne te consumera pas* ».

Voilà les conditions de ta victoire en Jésus c'est :

-quand tu traverseras les eaux, il sera avec toi.

-les rivières ne te submergeront pas, il sera là,

Quand tu marcheras dans le feu, tu ne seras pas brulé, il

sera là...

Ton combat viendra certainement, vous ne pouvez pas l'éviter, cela fait partie des choses que vous devez savoir traverser pour obtenir votre victoire, il est indispensable que des temps difficiles viennent, mais vous savez que vous avez toujours votre victoire, **car votre portion en Dieu c'est la victoire.**

SECTION 8. L'EVANGILE PRECHE AUJOURD'HUI

« Il a dit qu'il accordera le salut à ceux qui préserveront jusqu'au bout »

L'évangile prêché aujourd'hui partout et dans le monde, il est malheureusement prêché de la manière suivante : *jésus est mort pour vos pêchés, demandez-lui pardon pour vos pêchés et tout sera merveilleux, malgré le pardon que l'on demande chaque jour rien ne va, rien ne change tout est à l'opposé, l'avenir noirci à chaque fois, le doute s'installe dans la vie et finalement on perd la foi et on continue à vivre comme dans le passé.*

Aujourd'hui, lorsque l'on entend les gens parler, des pasteurs prêchés avec éloquence et grandiloquence, on a l'impression que, dans l'évangile, il n y a pas des difficultés, pas des souffrances, pas des problèmes, mais non, puisqu'il y a un prix à payer, des sacrifices à endurer, certains seront persécutés, blâmés pour leur foi, pour leur vie transformées. Jésus vous dit : ils m'ont fait ça, ils vous le feront aussi.

Matt.5.11 précise : Heureux serez-vous, lorsqu'on vous outragera, qu'on vous persécutera et qu'on dira faussement de vous toute sorte de mal, à cause de moi.

Voilà la vie du combattant, il sera outragé, malmené et c'est en cela que l'on reconnaitra votre appartenance, votre direction, Nulle part ce verset ne vous prédispose à la vie pleine de roses.

Matt. 10.22: vous serez haïs de tous, à cause de mon nom, mais celui qui persévérera jusqu'à la fin sera sauvé. Lire aussi Matt. 10 :36, Matt 19 : 29.

Perdre la vie peut aussi être le prix à payer.

À la lumière de ces versets, bien aimés, comprenez que rien ne s'obtient sans sacrifice, sans difficulté et c'est l'expérience qu'acquiert un individu par les obstacles qui va l'aider à gérer les potentialités que Dieu mettra à sa portée.

Le fait de tout quitter pour le christ ne doit pas constituer une source de regret, car vous devez payer le prix. Perdre la vie peux être aussi le prix à payer, alors débarrassons-nous donc des illusions selon lesquelles l'évangile vous dispensera des souffrances et des remords.

Le christianisme traditionnel traverse une crise d'identité certes ! Des nombreux individus, prétendument chrétiens, ne savent pas trop à quoi sert l'Eglise et quel est son rôle aujourd'hui ?, certains se battent pour conserver les traditions confortables du passé et d'autres sont en quête des expériences authentiques, certains qui sont déçus par les religions recherchent des réponses, des guérisons et du bien-être partout et ailleurs.

Rebecca Brown dit : « Cette prédication est à moitié vraie et presque ironique et vidé du contenu, car on doit aussi vous dire que Jésus ne peut pas pardonner vos péchés, si vous ne lui consacrez pas toute votre vie, pas une partie de la vie, mais toute la vie entière doit lui être consacrée ».

On a longtemps prêché l'évangile comme une route à sens unique où Jésus seul ferait tout et vous, vous n'avez plus rien à faire, vous n'avez aucun effort à fournir, aucun combat à engager... cela n'est pas vrai. Rien ne s'obtient dans la vie sans sacrifice et surtout sans combat.

Ce n'est pas surtout ce que dit Jésus lui-même, il a dit que si vous ne renoncez pas à vous-même, peut être au prix de votre propre vie, alors vous n'êtes pas digne de lui. Il a dit aussi qu'il accordera le salut à ceux qui préserveront jusqu'au bout. Il ne promet nullement de donner le salut et la vie éternelle à ceux qui ne sauront pas persévérer, à ceux qui ne qui ne sauront pas combattre jusqu'à la fin. Car, si nous péchons volontairement après avoir reçu la connaissance de la vérité, il ne reste plus de sacrifice pour le péché.

Mais une attente terrible du jugement et l'ardeur d'un feu qui dévorera les rebelles. Cette idée est répétée plusieurs fois dans l'épitre de Paul aux Hébreux : « *Mais christ l'est comme fils sur sa maison ; et sa maison c'est nous, pourvu que nous retenions jusqu'à la fin la ferme confiance et l'Esperance dont nous nous glorifions* ». Heb. : 3.6

Nous ne sommes pas sauvés par les bonnes œuvres, mais le salut, c'est plus que dire simplement, Jésus, pardonne moi, je t'en prie, et ensuite continuer à mener joyeusement sa vie. Bien aimé c'est un engagement total et complet envers Jésus.

Un pacte sacré signé avec Jésus, veut dire que nous nous vendons à Dieu, nous devenons des débiteurs, nous avons été rachetés et le prix a été payé, et nous ne nous appartenons plus à nous même, nous n'avons plus aucun droit personnel, nous sommes des serviteurs, le mot **engagement** veut dire Contrat, être engagé, ce n'est pas accomplir une œuvre, c'est le fait de se vendre soi-même.

Nous comprenons aujourd'hui que les attaques de Satan contre nous, semblent directement proportionnelles à notre degré d'engagement envers le seigneur et de la fidélité à cette transaction pour laquelle le sang précieux du fils unique a coulé.

Il ne suffit pas seulement de croire en la parole et continuer son chemin normalement, comme si tout allait mieux, Beaucoup des chrétiens sont superficiels dans le domaine de la prière et de la connaissance de la parole de Dieu, *savez-vous qu'un chrétien sans prière est un chrétien sans puissance, il sera faible et sans impuissant face aux attaques de l'ennemi, il ira d'échec en échec.*

Voilà une génération des chrétiens sans puissance, sans l'Esprit de Dieu nous sommes morts, sans l'Esprit de Dieu nous sommes condamnés, alors que Dieu cherche des chrétiens puissants, vivants et violents pour affronter le diable et ses démons.

SECTION 9. DEMEURER DANS L'EGLISE POUR LE COMBAT ET NON POUR LA CARRIERE

Il n'est pas normal de défendre et de prêcher l'évangile comme si les chrétiens n'avaient rien à craindre. Ils doivent saisir que la vie chrétienne est difficile et compliquée, d'épreuves, de combats au quotidien, des choix à faire. La chrétienneté est une affaire sérieuse et complexe, un combat à mener, une victoire à rempoter.

La vie chrétienne n'est pas un film en rediffusion dont on connait déjà la fin, non, il y a un parcours à suivre, des conditions de vie peu ordinaires à supporter, des choix à opérer, de compromis à faire et pour tout cela, il faut inviter le guide, le Saint Esprit, qui connait toute chose dans les détails pour vous amener vers la destination.

Les membres de l'Eglise qui applaudissent leurs pasteurs sans avoir la moindre idée du combat dans lequel ils sont engagés plaisantent et risquent leur éternité, l'église n'est pas une salle d'exposition de modes et des modèles, l'église n'est pas un endroit où l'on doit faire la carrière, non bien aimé, nous ne sommes pas en période de pique-nique. C'est un temps de *guerre et des combats* extrêmement dure, violant et pénible.

L'église peut être assimilée aujourd'hui à un champ militaire, à un terrain des hostilités où vous luttez avec pour objectif de vaincre. On n'entre pas dans une église pour faire une carrière sur la chaise encore moins sur l'estrade mais plutôt pour mener des combats qui vous conduiront aux victoires.

Mais pourquoi une vie des prières nous est –il demandé ?, pourquoi sommes-nous consacrés, pourquoi demeurer dans l'Eglise ? La meilleure réponse demeure celle-ci : tu dois combattre pour survivre, tu dois combattre pour rester en vie, tu dois combattre pour remporter les victoires.

Tu n'es pas dans l'église, dans la maison du seigneur pour jouer, pour faire la carrière sur le banc ou encore faire l'assistanat du chef pendant plusieurs années, non, mon frère et non ma sœur, tu es amené à combattre pour ta propre vie et celle de ta progéniture, pour remporter des victoires et la seule raison de ta vie consacrée de prière est de combattre et de remporter des victoires.

Tu ne peux pas demeurer le même chrétien hier et aujourd'hui pendant plusieurs années. Tu ne peux pas te contenter d'une vie médiocre pendant que tu te proclames chrétien, tu ne vas rester au bas de l'échelle tout en confessant Christ le victorieux, tu ne peux pas souffler le chaud et le froid cher lecteur, le tiède on le vomit dit le seigneur. Tu dois emporter les victoires sur tout combat, tel est l'objectif de tout combattant, on doit voir en toi, les fruits, les résultats de ton combat et non les rides de la souffrance et de la fatigue.

SECTION 10. SATAN NE T'AIME PAS

Nous sommes sans cesse livrés à la mort à cause de Jésus... (2 Corinth. 4 :11)

Personne, vraiment personne n'a l'idée de l'intensité et de la profondeur de la haine de Satan contre Dieu et ses oints. Jésus –Christ vient bientôt prendre effectivement possession de ce qui lui appartient, et dépossèdera Satan de son royaume. Le diable hait Jésus Christ que quiconque, parce que le seigneur possède un droit légal de propriété sur le monde et particulièrement sur vous.

De l'instant où nous avons accepté le seigneur Jésus Christ comme seigneur et sauveur personnel, ou nous demandons à Jésus de nous racheter, automatiquement, nous devenons sa possession et le diable nous hait comme il hait Jésus, raison pour laquelle, une fois sauvés, nous sommes engagés dans le combat et un corps à corps extraordinaire s'enchaine, c'est un combat réel ou rien ne s'obtient sans sacrifice, sans volonté et sans détermination et peut-être aussi avec beaucoup de larmes.

<u>Sachez qu'il m'a haï avant vous et</u> s'ils m'ont persécuté, ils vous persécuteront aussi. <u>Le</u> serviteur n'est pas plus grand que son maître.

Jésus dit dans Jean 15 :18-19 : « *Si le monde vous hait, sachez qu'il m'a haï avant vous. Si vous étiez du monde, le monde aimerait ce qui est à lui, mais parce que vous n'êtes pas du monde, et que je vous ai choisi du milieu du monde, à cause de cela le monde vous hait. Souvenez-vous de la parole que je vous ai dite :*

Le serviteur n'est pas plus grand que son maître. S'ils m'ont persécuté, ils vous persécuteront aussi s'ils ont gardé ma parole, ils garderont aussi la vôtre. *Mais ils vous feront toutes ces choses à cause de mon nom, parce qu'ils ne connaissent pas celui qui m'a envoyé. Si je n'étais pas venu et que je ne leur eusse point parlé, ils n'auraient pas de péché ; mais maintenant ils n'ont aucune excuse de leur péché.* »

Dans ces versets Jésus nous montre ouvertement qu'au moment où nous sommes identifiés à lui, lorsque nous devenons sa propriété, le monde qui est contrôlé par le diable nous haïra exactement de la même manière qu'il a haï Jésus. Se demande le chrétien pourquoi doit-on souffrir ? Jésus répond : le serviteur n'est pas plus grand que son maître. **S'ils m'ont persécuté, ils vous persécuteront aussi.**

Une consécration totale, c'est ce que Jésus attend de vous et cela vous est exigé constamment tout au long des évangiles, c'est pourquoi vous ne pouvez pas séparer le salut du combat spirituel.

Le véritable salut vous placera en conflit permanent et direct avec le diable et ses démons. *Laissez-moi vous dire clairement que le diable ne vous fera jamais de cadeau.* Il ne vous laissera pas dormir en toute quiétude, il dérangera votre sommeil, votre vie, votre santé, vos enfants, votre conjoint, votre travail, votre père, votre mère...

Hier, comme aujourd'hui encore, beaucoup des personnes par ignorance, accouraient et continuent même de courir vers les forces occultes, les forces infernales pour chercher des solutions rapides, pour chercher les succès, la puissance, et le pouvoir ; et ce, même dans le domaine ministériel.

Or, on ne peut pas chercher la renommée, la puissance et le pouvoir chez l'adversaire pour accomplir la mission de Dieu, absurde.

Si vous connaissez Jésus Christ, le messie, le rédempteur, le sauveur et le seigneur ainsi que la puissance de sa résurrection, rien d'autre ne pourra vous satisfaire, car en lui habite toute la plénitude et comme la bible le déclare : « il a tout mis sous ses pieds, et il l'a donné pour chef suprême à l'Eglise, qui est son corps, la plénitude qui remplit tout en tous. » Ephésiens 1 :18.23.

SECTION 11. L'INCONTESTABLE AUTORITE DE DIEU

La force est à Dieu **(Ps 62.12)**

Au ciel comme sur la terre, Dieu a autorité suprême sur tout, *au ciel son autorité est incontestablement établie, sa volonté est toujours exercée et il veille sur l'ordre institué par lui-même,* puisqu'il est Dieu d'éternité en éternité, il règne et gouverne à jamais sur toute sa créature. Il manifeste son autorité, dans sa création, dans sa souveraineté et dans sa parole qui reste irréfutablement immuable.

Nous l'appelons Général sept étoiles, parce qu'il est à la fois Général dans l'armée de terre, Amiral de la marine et il est Maréchal de l'armée de l'air, tous ces grades pris ensemble font de lui un Général sept étoiles.

Sur la terre, quand Dieu décide de combattre sur terre, il ne perd pas du temps pour ensevelir les cadavres. Il ordonne tout simplement à la terre d'ouvrir sa bouche et d'avaler les ennemis.

Il sait comment *se battre en mer* aussi, quand les armées du Pharaon poursuivirent les enfants d'Israël jusque dans la mer rouge, chaque soldat a été noyé. Aucun n'avait échappé (Exode 14 :28) quelqu'un a dit que le Tout Puissant est le premier à avoir bâti un navire sous-marin et que le premier soldat sous-marin fut Jonas.

Dieu a la maitrise parfaite des combats aériens. Lisez Josué 10.10-11 et vous vous rendrez compte que la première personne à avoir lâché des bombes du ciel est Dieu.

La Bible déclare que ceux qui moururent des grêles de pierres que Dieu fit pleuvoir sur les ennemis furent plus nombreux que ceux que Josué avait tué par l'épée.

Il est au contrôle et à la commande de tout sur la terre, au ciel et sous la terre et quand il combat, (1 Samuel 17 :45-47), il n'a pas besoin d'épée, d'arc, des bombes atomiques ou nucléaires, ni flèches ou des boucliers, il veut et s'attend à ce que nous soyons aussi des guerriers puissants.

Dans les saintes écritures, beaucoup de passages présentent les chrétiens comme des soldats des combattants. Une de ces références est dans 2 Timothée 2 :3-4. Nous sommes élus pour être des soldats. Dans le passage, nous voyions ce qui doit être notre motivation.

En effet, 1 Timothée 6 :12 nous ordonne de combattre le bon combat de la foi. Comme notre Roi, nos armes ne doivent pas être des arcs, et des flèches cités ci-haut, et comme nous en avons été averti dans 2 Corinthiens 10 :3 et 4 : Car, en marchant selon la chair, nous ne combattons pas selon la chair ; car les armes de notre guerre ne sont pas charnelles, mais puissantes par Dieu pour la destruction des forteresses.

Dans Ephésiens 6 :10-18, Il nous est dit de revêtir l'armure parfaite et complète de Dieu. Des éléments de l'armure sont destinés à protéger la tête, la poitrine, la taille, les pieds, mais curieusement rien n'est prévu pour la protection du dos.

Pourquoi ?

Parce que nous ne sommes pas supposés fuir l'ennemi, nous ne sommes pas supposés abandonner, mais combattre. La bible nous dit : soyez sobres, veillez. Votre adversaire, le diable, rode comme un lion rugissant, cherchant qui il dévorera.

Dans le passage de Genèse 17 :1 il est dit : Lorsqu'Abram fut âgé de quatre-vingt-dix-neuf ans, l'Eternel apparut à Abram et lui dit : je suis le Dieu tout puissant. **Marche devant ma face, et sois intègre.**

Cela veut dire que l'Eternel des armées lui-même protège nos arrières. Il s'attend à ce que nous marchions devant lui, combattant l'ennemi qui est devant pendant qu'il s'occupe de l'arrière-garde. Il gardera les pas de ses bien-aimés. Mais les méchants seront anéantis dans les ténèbres ; <u>car l'homme ne triomphera point par la force, ni par l'intelligence encore moins par la science.</u>

Tu peux être fort et puissant mais perdre un combat. Comme les anciens disent en Afrique, que l'homme fort démuni de sagesse est le leader des faibles. En d'autres termes, ***l'homme sage battra facilement l'homme fort***.

Sur la terre son désir est que l'homme créé à son image lui accorde obéissance, en le faisant, l'homme tiendrait toute chose sous son contrôle. Dieu devait s'assurer qu'il y ait la domination dans le ciel et, à son tour, l'homme devrait s'assurer qu'il y ait la domination sur la terre. Dieu invitait ainsi l'homme à la collaboration parfaite et totale avec lui d'une façon très particulière.

Dieu a toujours l'intention de dominer sur la terre à travers la domination de l'homme et de dominer au ciel par sa propre autorité. C'est la raison de ce verset : *je vous ai donné le pouvoir de marcher sur les serpents et sur les scorpions, et sur toute la force de l'ennemi, et rien ne pourra vous nuire* **(Luc 10 :19)**....

Curieusement aujourd'hui l'homme ne domine plus, il est dominé par la créature qu'il avait pour mission de contrôler, de surveiller et d'assujettir. Voilà la triste réalité, maintenant le chrétien se soumet et s'affaiblit à chaque affrontement, il se déclare vaincu alors qu'il lui avait été donné toutes les armes pour remporter la victoire.

SECTION 12. POURQUOI DIEU CREE L'HOMME

a. L'homme fut créé pour être en communion spéciale avec Dieu.

Il était Créé par Dieu pour une relation particulière, être capable de ressentir ce que Dieu ressent, et satisfaire le cœur de Dieu. Pour que l'homme soit capable de tout ceci, Dieu le créa d'une façon spéciale différente des autres créatures. La seule créature qu'il créa à son image et à sa ressemblance.

La bible dit : « Puis Dieu dit : faisons l'homme à notre image, selon notre ressemblance, et qu'il domine sur les poissons de la mer, sur les oiseaux du ciel, sur le bétail, sur toute la terre, et sur tous les reptiles qui rampent sur la terre » (Genèse 1.26).

b. Deuxièmement, l'homme fut créé pour dominer.

La domination dont question est celle basée sur le fait que l'homme devrait satisfaire le cœur de Dieu en toute chose et en toute circonstance, en étant spécialement uni à lui, il aurait donc la domination sur le reste de la création.

En d'autres termes, l'homme devait volontairement se soumettre à la direction divine et à la domination de Dieu; en retour Dieu devait lui donner la capacité de dominer sur le reste de la création. Selon la pensée de Dieu, l'homme devrait avoir une domination sans limite sur le reste de la création.

Il devait avoir de l'autorité et de la puissance sur toute chose selon la vision de la création. Dieu n'a pas honte de vous bien aimé, le connaitre, le servir et l'adorer est notre plus grand privilège, être connu et aimé de lui est le plus grand plaisir de Dieu.

Il vous aime et il est fier d'être votre Père... Dans le livre intitulé : *L'adoration mode de vie*, le Pasteur Buddy Owens affirme ceci : « L'amour de Dieu envers vous n'est pas une décision de sa part, non plus un hasard, c'est sa nature même, et sa nature, c'est de vous aimer, il vous aime d'un amour parfait : un amour éternel, un amour implacable, un amour inextinguible, insatiable, non mesurable, inépuisable, irrépressible inéluctable ».

    c. *L'homme fut créé pour assujettir la terre, cultiver et garder le jardin.*

Dieu les bénit et leur dit : soyez féconds, multipliez, remplissez la terre, et assujettissez ; et dominez sur les poissons de la mer, sur les oiseaux du ciel et sur tout animal qui se meut sur la terre (Genèse 1 :28)

L'Eternel prit l'homme et le plaça dans le jardin d'Eden pour le cultiver et pour le garder (Genèse 2 :15). Pour assujettir la terre l'homme avait besoin de travailler durement. Dieu n'a jamais voulu que l'homme soit paresseux.

    d. *L'homme fut créé pour n'obéir qu'à Dieu.*

La relation spéciale entre Dieu et l'homme pouvait continuer seulement sur la base que l'homme obéisse parfaitement à Dieu. Sans cette obéissance, toutes choses seraient détruites et mises en pièces. Si l'homme désobéissait à Dieu, il perdrait aussi son pouvoir et son autorité sur le reste de la création, et c'est le cas aujourd'hui.

Dieu demeure le créateur, le concepteur, le dessinateur, le réalisateur et finalement le metteur en scène Ainsi, toutes choses furent concentrées sur l'obéissance de l'homme aux principes sacrés de Dieu. L'Homme étant libre pouvait obéir ou désobéir. Il avait donc le choix. Dieu lui avait donné la liberté de faire ce qu'il pouvait.

SECTION 13. LE POUVOIR ET L'AUTORITE DU CHRETIEN

Vous pouvez donner sans aimer, mais vous ne pouvez pas aimer sans donner. Tant que vous ne donnez pas Dieu sa place, vous n'aurez pas la vôtre.

Dieu a donné une énorme autorité et puissance supérieure à l'homme et particulièrement au chrétien, c'est une triste réalité de voir combien des chrétiens vivent comme ne possédant aucun pouvoir et aucune autorité, en tant qu'église, nous avons une autorité sur la terre que nous n'avons jamais réalisée, une autorité que nous n'exerçons pas.

Les chrétiens sont ignorants de cette arme enfouie en eux, alors comme les ayants droit, ils devraient vivre comme étant des fils du Très Haut, tout en possédant la race de vainqueurs.

Dans le livre de Luc. 10 :19, il est clairement mentionné ceci : « Voici, je vous ai donné le pouvoir de marcher sur les serpents et les scorpions, *et sur toute la puissance de l'ennemi* ; et rien ne pourra vous nuire ».

Vous avez toute la puissance sur l'ennemi, sur le diable, sur les démons et leur corollaire, et pas une partie de la puissance bien aimé, mais Toute Puissance, Ces lignes montrent à l'enfant de Dieu, l'autorité et le pouvoir lui a donné par Dieu, afin qu'il en jouisse et l'utilise abondamment.

L'apôtre Paul pria pour les croyants d'Ephese en ces termes: « *Afin que le Dieu de notre seigneur Jésus-Christ, le Père de Gloire, vous donne un esprit de sagesse et de révélation, dans sa connaissance, et qu'il illumine les yeux de votre cœur,* pour que vous sachiez quelle est l'espérance qui s'attache à son appel, quelle est la richesse de la gloire de son héritage qu'il réserve aux saints, et quelle est envers nous qui croyons l'infinie grandeur de sa puissance ».

Il l'a déployée en Christ, en le ressuscitant des morts et en le faisant asseoir à sa droite dans les lieux célestes, au-dessus de toutes dénominations, de toutes les autorités, de toutes les puissances, de toute dignité, et de tout nom qui peut se nommer non seulement dans le siècle présent, mais encore dans le siècle à venir. Il a tout mis sous ses pieds, et il l'a donné pour chef suprême à l'Eglise, qui est son corps, la plénitude de celui qui remplit tout en tous.

Dans le plan divin, Dieu a prévu que les hommes et les femmes de toutes les nations, de toutes les races qui invoqueraient son nom, aient le pouvoir et l'autorité d'affaiblir et d'anéantir le diable et ses démons par la prière de la foi, avant que lui-même ne vienne le lier pour mille ans. Il a également prévu que tous ceux qui l'aiment sortent victorieux de leurs persécutions et de leur combat.

Tu peux ne pas ressentir cette autorité et pouvoir dans ta chair mortelle, car cela ne dépend pas de tes sensations, pas de tes diplômes, ni de tes richesses, ni de tes parents encore moins de tes prédications sur l'estrade, cela dépend de Dieu et de Dieu seul. Dieu l'a fait ainsi et Il a raison.

Il est important de comprendre que lorsqu'on s'appelle chrétien, on quitte le monde de la philosophie, de la science, de la logique et de toutes sortes de raisonnements humains, et on entre dans le monde du Saint-Esprit et de sa mouvance, on quitte le monde de la puissance et de la force humaine et on entre dans celui de la puissance de Dieu. C'est ainsi que le petit David a terrassé le géant Goliath, et l'apôtre Paul le confirme : « il y a une puissance infinie en nous qui croyons en Jésus-Christ ».

C'est à ce niveau, à cette hauteur que Dieu estime votre puissance et votre autorité, que tu ne peux exercer en dehors de Jésus. Le monde invisible obéit à sa voix et est soumis à ses commandements, Dieu parle et ses paroles amènent à l'existence la chose qu'il ordonne. Il n y a pas eu d'occasion où Dieu parla et commanda que quelque chose vint à l'existence sans qu'il n'en fût ainsi, car il a le contrôle du temps et de la circonstance.

Cependant, l'autorité du croyant est un aspect de la marche chrétienne que peu de croyant connaissent. Certains pensent que l'autorité sur le diable et ses démons appartient seulement à quelques personnes choisies ou privilégiées auxquelles Dieu a donné un pouvoir particulier. Ce n'est pas le cas, elle appartient à tous les enfants de Dieu.

Clairement il est établit ce qui suit : « voici les miracles qui accompagneront ceux qui auront cru en mon nom », ceux-là qui ont cru c'est toi et moi, Jésus n'a pas nommé les pasteurs, les prophètes, les évangélistes, les apôtres, les docteurs, la parole dit : ceux qui auront cru en mon nom **c'est TOUT**.

Les écritures déclarent l'autorité de Dieu lui-même de la manière suivante : *Oui, ce que j'ai décidé arrivera, ce que j'ai résolu s'accomplira*. La bible continue : *A qui me comparerez-vous pour le faire mon égal ? À qui me ferez-vous ressembler, pour que nous soyons semblables ?*

Ils versent l'or de leur bourse, et pèsent l'argent à la balance ; ils paient un orfèvre, pour qu'il en fasse un dieu, et ils adorent et se prosternent. Quelle bêtise ? Ils le portent, ils le chargent sur l'épaule, ils le mettent en place, et il reste là ; il ne bouge pas de sa place, puis on crie vers lui, mais il ne répond pas, il ne sauve de détresse, il ne bénit pas. Il demeure et demeurera toujours un bois orné mais pas le Dieu vivant créateur du ciel et de toutes choses.

Souvenez-vous de ces choses, et soyez des hommes. Pécheurs, rentrez en vous-même ! Souvenez-vous de ce qui s'est passé dès le temps anciens ; car je suis Dieu, et il n'y a point d'autre, je suis Dieu, et nul n'est semblable à moi. J'annonce dès le commencement ce qui doit arriver, et longtemps d'avance ce qui n'est pas encore accompli ; je *dis mes Arrêts subsisteront, et j'exécuterai toute ma volonté. Je l'ai dit, et je le réaliserai ; je l'ai conçu, et je l'exécuterai* **(Esaïe 46 :5-11)**.

Je ferai miséricorde à qui je fais miséricorde, et j'aurai compassion de qui j'ai compassion **(Romains 9 :15)**.

Chers lecteurs, comprenez également que l'intimité avec Christ vous donnera ce que vous désirez sur la terre car il a dit que « si vous demeurez en moi, et que mes paroles demeurent en vous, demandez ce que vous voudrez, et cela vous sera accordé. » Jean 15 :7.

Le révérend Zacharie A. Adetola dit « *Depuis 1978, l'année de ma rencontre et de ma paix avec le seigneur, il m'a donné un nom, il m'a orienté, il m'a écrit une nouvelle histoire et m'a élevé. Je ne pouvais pas trouver mieux ailleurs* » tiré de 'Mon but, le connaitre'

SECTION 14 : CREER PAR DIEU ET POUR DIEU

Le but du produit est déterminé par le fabricant.

Nous sommes venus au monde selon le dessein délibéré de Dieu, il est notre fabricant et nous nous sommes ses produits. Aucun produit ne peut à lui seul définir sa fonction. Le but est déterminé par le fabricant.

La fonction d'un papier est déterminée par le fabricant. Il n'est pas fabriqué pour être utilisé comme un chapeau. Tout autre usage dont vous en ferez le tournera en ridicule.

Beaucoup des chrétiens sont frustrés parce qu'ils n'ont pas voulu découvrir le but pour lequel ils ont été créés. Nous sommes plus préoccupés par ce que nous devons être plutôt que par ce que nous devons faire.

Si votre destination est partout, vous n'irez surement nulle part.

La découverte de ce que vous êtes destinés à faire est appelé but. Vous êtes obligé de trouver ce pourquoi vous avez été créé et le faire, cela vous transformera en homme et femme de valeur, dont le but dans la vie est clairement connu, vous n'avez pas à douter de l'amour divin et de la direction de la vie à prendre car vous êtes sur la bonne voie.

Peu importe votre onction, peu importe votre don, ou votre illumination, votre connaissance et position sociale, si vous manquez de but dans la vie, vous ne serez jamais accompli. Le but dans la vie d'une personne c'est la chose première qui donne le sens à cette vie et à votre parcours. Si votre destination est partout, bien aimé, vous n'irez surement nulle part.

Notre caractère est formé par tout ce que nous adorons. Les gens qui adorent l'argent deviennent avides. Ceux qui adorent le pouvoir deviennent impitoyables. Les hommes qui adorent des femmes deviennent lascifs. Les gens qui s'adorent eux-mêmes deviennent arrogants. Mais ceux qui adorent le Dieu vrai et vivant deviennent semblables à Christ.

CHAPITRE 2. L'HOMME PECHEUR

« Ne prends point garde à son apparence et à la hauteur de sa taille, car je l'ai rejeté ».

Je mettrai inimitié entre toi et la femme, entre ta postérité et sa postérité : celle-ci t'écrasera la tête, et tu lui blesseras le talon. (Genèse 3.15) la sentence divine prononcée contre Satan lors de la chute d'Adam était une prophétie embrassant tous les siècles jusqu'à la fin du temps. Elle faisait pressentir le conflit formidable dans lequel seraient engagées toutes les races humaines appelées à vivre sur la terre. De même qu'il avait entraîné les anges à se révolter contre le tout puissant, ainsi il avait induit, bien que divinement averti, Adam à violer la loi de Dieu et à désobéir au principe divin.

Par ce fait, l'homme comme le tentateur, avait apostasié et s'était perverti. En outre, Satan et Adam, au lieu de se trouver en mésintelligence, diamétralement opposés, ils s'étaient mis en harmonie parfaite, de sorte que, si Dieu n'était pas intervenu avec son plan d'amour et de rédemption, Adam et Lucifer ligueraient pour lutter contre le ciel.

Quand le diable entendit que l'inimitié allait s'installer entre lui et la femme, comme entre leurs postérités, le diable comprit alors que son projet d'anéantir, de détruire et de dépraver l'homme serait fortement entravé et que, par quelque moyen, l'homme serait mis en état de lui résister farouchement et d'opter pour le choix réfléchi de connaitre et de servir le créateur remplissant ainsi le but et l'objectif suprême de la création.

« Tu pourras manger de tous les arbres du jardin dit Dieu à l'homme nouvellement créé; mais tu ne mangeras pas de l'arbre de la connaissance du bien et du mal » **(Genèse 2 :17)**. Cette ordonnance est claire et compréhensible, Dieu donna à l'homme, la liberté de manger comme il voulait, de faire le choix meilleur entre plusieurs arbres et fruits.

Je ne sais pas combien il y avait les arbres à manger dans ce jardin, mais je crois aussi que le nombre était illimité et Adam avait devant lui un large choix à faire.

Cependant Dieu donna une seule exception, une seule interdiction. Et ainsi un seul arbre parmi plusieurs dans le jardin fut interdit à Adam, et ceci en des termes aussi clairs que stricts : « *Le jour où tu en mangeras, tu mourras.* » Adam n'avait pas besoin de désobéir ni de faire fi au principe divin, il n'était pas si affamé au point d'être obligé de manger le fruit de l'arbre interdit, en toute connaissance et en toute liberté, il décida tout simplement de faire ce qu'il voulait.

Il désobéit à Dieu et mangea le fruit de l'arbre défendu, (**Genèse 3.6**) cet acte commis volontairement par Adam n'était pas fait dans l'ignorance de la loi et de leurs conséquences terribles, Adam savait que le jour où il en mangera il mourra, l'homme savait ce qu'il était en train de faire, et aujourd'hui comme hier, l'homme est conscient du danger qui le guette devant le péché et cela à chaque étape de la vie.

Par son acte ignoble et irréfléchi, l'homme pécha volontairement et sorti seul de la volonté de Dieu, *car pécher c'est choisir sa propre voie en dehors de celle de Dieu. Pécher c'est faire ce qu'on sait qu'on ne doit pas faire, en laissant non fait ce qu'on sait qu'on devrait faire, péché c'est choisir de faire des choses qui ne sont pas conformes à la volonté divine, tout en acceptant les conséquences immédiates et lointaines qui en découleront, pécher c'est accepter de mourir consciemment en mettant de côté la vie éternelle.*

La semence d'hier produit la moisson d'aujourd'hui.

En commettant le péché, Adam avait délibérément choisi une voie de *développement* qui était entièrement sienne, une voie contraire au plan de Dieu, une voie propre à lui, il fut dérouté dès ce jour. Et toutes choses désormais dans la création furent déroutées avec lui.

Vous ne devrez jamais accorder au diable un centimètre de votre vie, de votre temps ou de votre famille, même pas par erreur, ni par incident et encore moins inadvertance ; parce que si vous le faites, il ira loin et encore loin.

Le résultat du péché, c'est que nous sommes tous morts dans notre esprit. Dans notre âme, nous avons été en rébellion contre Dieu. Notre corps aussi a souffert des effets de la maladie, de la déchéance et de la mort.

Tout ce que Satan vous proposera est illusoire, temporel et mortel. Il est appelé père du mensonge, en lui n'attendez pas la vérité et la raison. Avez-vous conscience que, le passé donne naissance au présent, et le présent à son tour prépare l'avenir.

Ce que vous êtes aujourd'hui bien aimé, est le résultat ou la réponse de votre vie passée. N'oublier surtout pas que la semence d'hier produit la moisson d'aujourd'hui alors que *la moisson de demain, votre avenir, dépend de la semence d'aujourd'hui. Vous avez le choix.*

SECTION 1. LES CONSEQUENCES INEVITABLES

Détruisez la racine, et vous aurez tué l'arbre.

A. L'HOMME PERD SA DOMINATION

La domination signifie la capacité d'avoir un contrôle absolu sur quelqu'un ou sur quelque chose, c'est avoir une autorité supérieure et suprême, dominer veux également dire contrôler par la force ou par le pouvoir quelqu'un ou quelque chose, Il est important que dans ces temps périlleux, en tant que chrétien, nous devrions localiser notre position et nous devons être capables de faire ce que Dieu veut.

En maudissant le serpent pour avoir participé à la chute de l'homme et à la tragédie du péché, Dieu montrait à l'homme que la domination était perdue et qu'il ne pouvait plus dominer sur la création comme programmé et planifier dans le desseins de Dieu, ainsi Dieu dit « je mettrai inimitié entre toi et la femme, entre ta postérité et sa postérité : celle-ci t'écrasera la tête et tu lui blesseras le talon » **(Genèse 3 :15).**

Au lieu de dominer sur le serpent et sur le reste de la créature, c'est plutôt l'inimitié qui fut introduite dans l'humanité. Désormais, il y aurait de l'agression venant des créatures qui, avant, auraient été soumises. Les accidents, les séismes, les guerres, les conflits, les inondations, des calamités naturelles, etc., ce sont là des manifestations de la rébellion de la création contre l'homme rebelle. Et ces choses arrivent à l'humanité jusqu'à aujourd'hui.

Avant la chute, Adam jouissait de la communion parfaite avec Dieu, mais par le péché volontaire et par sa désobéissance il a perdu sa position de créature privilégiée et autres avantages, notamment :

    a. il a perdu la communion avec Dieu.
    b. Il a perdu la domination sur les animaux et sur la créature,
    c. Il a perdu la liberté de l'emprise de Satan,
    d. Il a perdu la relation parfaite avec Dieu,
    e. Il a perdu la paix intérieure qu'il avait,
    f. Il a perdu le droit sur l'arbre de vie qu'il avait,
    g. Il a perdu la santé parfaite qu'il avait,
    h. Il a tout perdu…

La gloire de Dieu s'étant éloignée de l'homme, celui-ci a commencé à rechercher une représentation artificielle pour remplacer la gloire éternelle perdue, mais en vain car aucune créature, aucune statue, aucun monument charnel ne remplacera ni ne représentera valablement le Dieu Tout Puissant.

Depuis lors, l'homme n'arrive plus à atteindre le but primordial de la création parce qu'il a été déconnecté de Dieu, de la source même de la vie, il est devenu vulnérable et une proie pour toute la création. Lui qui était censé dominer sur la création, il devient abominable et dominé par la maladie, la misère, la pauvreté, la corruption et les autres maux.

Plongé dans une lutte acharnée et sans issue, plongé dans un trou noir, abandonner de toutes parts, et vagabond sur la surface de la terre, loin du créateur, l'homme s'efforce de lui-même à reprendre sa place initiale, chose impossible sans l'aide de Dieu et de son esprit, parce qu'il ressent toujours en lui, dans son for intérieur un manque, un trou, un vide à combler et aussi et surtout la nécessité d'être divinement conduit.

B. LA RELATION SPECIALE AVEC DIEU COUPEE

Immédiatement après qu'Adam ait mangé le fruit défendu, il mourut. Il ne mourut pas physiquement sur le champ, il mourut spirituellement dès ce jour. La mort spirituelle est la séparation d'avec Dieu, c'est la rupture de la communion avec Dieu. Adam fut coupé la communion avec Dieu et chassé loin de sa présence.

Eloigné de Dieu et de son plan, l'homme s'égarait et s'est retrouvé seul dans un désarroi terrible, dans un monde sans pitié ni loi, et l'homme corrompu s'engageait dans la voie de la décadence spirituelle, de la désintégration physique et finalement dans la mort éternelle car l'étang de feu l'attendait.

C. ADAM NE SAURAIT PLUS ASSUJETIR LA TERRE

Dieu dit à l'homme pécheur : *le sol sera maudit à cause de toi. C'est à force de peine que tu en tireras ta nourriture tous les jours de ta vie, il te produira des épines et des ronces, et tu mangeras de l'herbe des champs. C'est à la sueur de ton visage que tu mangeras du pain (Genèse 3 :17-19).*

Et depuis lors, l'homme court jour après jour pour trouver le pain, car le sol est maudit et toute sa vie est aujourd'hui fonction de la sueur, il doit se dépasser et se dépenser pour survivre, car la terre, aussi maudite, ne lui donnera pas seulement de l'herbe des champs pour manger, mais également elle produira des ronces et des épines.

La terre devint un endroit moins habitable et hostile à toute action humaine. L'homme compris alors que son schéma à lui était sans issue et ne répondait à aucune norme divine... La richesse que la terre était supposée donner gratuitement a été retenue et devenait conditionnelle au travail, désormais c'est par le travail et la sueur que l'homme pouvait obtenir de la terre ses richesses.

Genèse 4 :11-12 nous lisons : « maintenant, tu seras maudit de la terre qui a ouvert sa bouche pour recevoir de ta main le sang de ton frère. Quand tu cultiveras le sol, il ne te donnera plus sa richesse. Tu seras vagabond et errant ». La particularité de cette malédiction, c'est que Dieu a décidé de fermer la terre pour Caïn, la terre avait reçu l'ordre du ciel de ne plus donner quoi que ce soit à Caïn. *Dieu ordonna à la terre de le maudire, de ne plus lui faire du bien, et la conséquence ce sera l'errance et le vagabondage.*

Bien aimé, lorsque nous n'avançons pas dans la vie, lorsque rien ne nous réussit et que nous sommes obligés de recommencer perpétuellement certaines choses, allant de lieu en lieu, c'est souvent que la terre a effacé notre nom, notre famille, notre lignée ou notre tribu de sa mémoire.

C'est ce que la bible appelle l'errance et le vagabondage et c'est là que le combat spirituel doit être engagé pour rétablir les choses, que le seigneur ait pitié et pardonne nos péchés et ceux de nos parents, pour retrouver la paix et le pain.

D. L'HOMME *RETOURNE A LA POUSSIERE*

L'homme avait été fait de la poussière, mais il fut élevé au-dessus de toute la création de Dieu, après sa chute celui-ci doit impérativement retourner là où il avait été tiré. Genèse 3.19 affirme ce qui suit : jusqu'à ce que tu retournes dans la terre, d'où tu as été pris ; car tu es poussière, et tu retourneras dans la poussière.

Et finalement, certaines personnes se spécialisent à blâmer Adam d'avoir chuté et ruiné l'humanité entière. Les gens vont cependant périr éternellement pour n'avoir pas accepté le chemin parfait de la rédemption que Dieu a établi pour être sauvé.

À ce sujet voilà ce que le seigneur Jésus dit dans Jean 3 :19, à propos du saint esprit : « Et quand il sera venu, il convaincra le monde en ce qui concerne le péché, la justice et le jugement, en ce qui concerne le péché parce qu'ils ne croient pas en moi » Jean 16.8-9, « Et le jugement c'est que, la lumière étant venue dans le monde, les gens ont préféré les ténèbres à la lumière, parce que leurs œuvres étaient mauvaises ». Jean 3.19.

Deux voies sont ouvertes devant vous bien aimé : la voie de la vie éternelle en christ et la voie de la mort hors de Jésus. Tu dois faire ce choix toi-même, et supporter les conséquences et ou les avantages qui y sont liés pour toujours et pour l'éternité. Dans Jean 14 :6, Jésus affirme ceci : je suis le chemin, la vérité et la vie, ***NUL NE VIENT AU PERE QUE PAR MOI.***

Jésus reste le seul chemin de Dieu pour le salut de l'humanité, ne vous trompez pas et ne vous laissez pas tromper, aucun prophète, aucun pasteur, aucun apôtre, aucun professeur, aucun savant n'a dit qu'il était le chemin, la vérité et la vie, seul Jésus-Christ demeure la seule voie obligée. Tout est prédéfini et prédisposé pour toi n'attend que ta décision pour vivre l'éternité.

Le seul choix que tu as à faire ou qui te reste à faire, c'est croire en ce Jésus qui te tend la main chaque jour, ne doute pas, ne chancelle pas, ne cherche pas les points de vue de ceux qui sont à gauche ou à droite, prend courage et accepte qu'il dirige ta vie des maintenant.

SECTION 2. LE PECHE, ILLUSION MORTELLE

Le péché est une tromperie, une illusion mortelle, une destruction méchante et une manipulation humiliante du diable, le péché vous remboursera en devise de douleur, le péché vous promet la vie, mais en réalité il vous payera avec la monnaie de la mort. Le péché vous promettra des intérêts, mais vous donnera la pauvreté, le malheur. Le péché vous fermera le paradis pour vous ouvrir les portes de l'enfer.

Le péché est tellement dangereux et trompeur et au-delà de toute description. Il est possible à la société de punir le crime ; de sanctionner le comportement répréhensible par la loi, mais permettez-moi de vous dire que c'est Dieu qui punira le péché et les conséquences du péché sont inévitables.

Il n'y a aucun péché que l'on puisse commettre que Dieu ne pardonne. Il vous pardonnera certainement après repentance sincère, mais vous devez subir les conséquences qui y sont liées, quoique vous fassiez.

Vous vous êtes engagé librement à pécher, à faire ce qui est mal, à agir contre la volonté du créateur, à prendre un autre chemin séparé de celui du créateur, Quoi qu'il en soit, ayez donc à l'esprit que vous allez attirer des conséquences sur vous, sur votre famille, et sur votre environnement. Si maintenant vous planifiez de commettre le péché, de vivre et de demeurer dans celui-ci, vous êtes tout à fait libre.

Les cheveux de Samson ont poussé à nouveau après qu'ils aient été rasés, mais il n'a jamais recouvert sa vue.

Abraham s'est pressé d'avoir Ismaël, puisque la promesse de Dieu tardée, mais nous continuons à subir les conséquences de cet acte d'impatience aujourd'hui.

Les conséquences du péché vous rattraperont.

Il est écrit « voici, j'arrive immédiatement et ma récompense est avec moi. » Les cheveux de Samson ont poussé à nouveau après qu'ils aient été rasés, mais il n'a jamais recouvert sa vue. Abraham s'est pressé d'avoir Ismaël, puisque pour lui, la promesse de Dieu tardée, mais nous continuons à subir les conséquences de son acte d'impatience jusqu'à aujourd'hui.

La manière dont vous menez votre vie est le fondement pour votre futur et pour votre prospérité. Les conséquences de votre péché vous rattraperont certainement, c'est pour cette raison que vous devez être prudent et sage. Si vous pensez être rusé, soyez sûrs que vous ne pouvez pas être plus rusé que le péché.

Le pardon ne vous dégagera pas de la responsabilité. David a commis le péché d'immoralité sexuelle avec la femme d'Urie, la tromperie et le meurtre ont suivi cet acte d'adultère du roi. Il croyait se cacher et à l'abri de tout regard et soupçons. Les conséquences sont venues de diverses formes ; son propre fils a violé sa sœur, l'autre fils, a couché avec ses femmes sur le toit ! David a tué Urie mais il a perdu trois enfants.

Si vous ne voulez pas que vos enfants deviennent des voleurs à main armés, ne les éduquez pas avec l'argent volé ou détourné, si vous ne voulez pas que vos enfants aient des foyers brisés, ne battez pas leur mère devant eux et si vous ne voulez pas que vos enfants s'engagent dans la drogue, ne vous engagez pas dans les affaires liées à la drogue.

Nous avons besoin de la grâce de Dieu en ces temps ; nous avons besoin de crier au seigneur pour sa miséricorde. Mais elle n'est obtenue qu'avec la discipline personnelle.

Si vous allez à l'église sans utiliser positivement ce que Dieu a déposé en vous, vous serez certainement face aux conséquences. Nous avons le pouvoir de choisir tout dans la vie, mais les conséquences de notre nous ne pouvons le choisir. Dieu a organisé le monde, tout péché a une conséquence et une punition qui s'y attache. Dès que la semence du péché est semée, le jugement est certain.

SECTION 3. L'IMAGE DE DIEU DEFORMEE

Dieu dit au début : « faisons l'homme à notre image, selon notre ressemblance » Gén.1 :26. Adam à l'origine, fut fait à l'image parfaite et à la ressemblance de Dieu. C'était là l'image incorruptible et sans tâche de Dieu dans l'homme.

Lorsqu'il pécha, l'image de Dieu en lui fut déformée, distordue, détruite et anéantie. Elle demeura l'image de Dieu certes, mais c'était une image tronquée et falsifiée.

C'était comme une voiture neuve sortant d'un accident terrible : c'est toujours une voiture mais combien différente de la voiture originale.

Parce que l'image de Dieu en l'homme restait intacte, quoique déformée, l'homme déchu, bien que demeurant une image tronquée, biaisée et déformée, c'est à dire pas conforme à l'image originale de Dieu, bien qu'étant mort spirituellement il pouvait continuer à manifester une certaine vertu, une certaine autorité et domination, il est resté au moins capable à la fois du bien et du mal, il est divisé, partagé dans le choix.

Au sortir des mains de Dieu, de la création, l'homme ne portait pas la moindre trace de la corruption, ni la plus légère ombre de la malédiction ou même de la maladie. Il était l'image parfaite et incorruptible de Dieu. C'est la transgression de la loi de Dieu qui a été à la base de la mort et de tous les autres maux. Mais néanmoins, l'amour de Dieu se manifesta au sein même de la souffrance humaine.

Mais les épines et les chardons, les difficultés et les épreuves dans le parcours de la vie, qui assombrissent notre pèlerinage terrestre nous ont été départis pour notre bien ; nous croyons que Dieu les a fait entrer dans son plan d'éducation qu'il a conçu pour nous relever de l'état de dégradation et de la ruine dans lequel le péché nous a plongés.

Dieu est amour, cette parole se lit sur chaque bouton de fleur et sur chaque brin d'herbe. les oiseaux qui s'égaient les airs de leurs chants joyeux, les fleurs aux nuances délicates et variées qui embaument l'atmosphère de leur doux parfum, les arbres élancés et les forêts au riche feuillage, tout nous parle de la tendre et paternelle sollicitude de notre Dieu et de son désir de faire le bonheur de ses enfants.

Les écritures révèlent son caractère, Dieu nous a fait lui-même connaitre sa compassion et son amour infini. Quand Moïse lui adressa cette requête : « fais-moi voir ta gloire », et l'Eternel lui répondit : « Je ferai passer devant toi toute ma bonté » (Exode 33.18 :19). Dans le ciel et sur la terre, Dieu nous a donné des gages innombrables de son amour éternel, de son amour sans condition, du vrai et incompréhensible amour.

Nombreux sont les moyens dont Dieu se sert pour se révéler à l'homme et le faire entrer dans sa communion. Les cœurs sensibles sont touchés par l'amour et la gloire de Dieu qui se révèlent dans les œuvres de ses mains. L'oreille attentive entend et comprend la voix de Dieu dans la nature.

Pour peu que nous ouvrions nos cœurs, les œuvres de Dieu nous donneront des leçons.

CHAPITRE 3. DIEU VIENT RETABLIR L'ALLIANCE

Dans un cœur où Dieu est entièrement présent, sa puissance y est aussi pleinement ressentie.

L'alliance de Dieu avec son peuple n'est pas un traité entre les individus ou un contrat signé avec des promesses mutuellement contraignantes, au contraire, l'alliance de Dieu ne repose que sur sa propre volonté, on exécute et on ne respecte que sa volonté, voilà les termes de cette alliance.

Cette alliance n'est liée à aucune condition des parties. *Abraham n'avait pas d'autres choix à faire que de prendre simplement Dieu à ces propres mots, vivre dans sa volonté et exécuter le plan divin qui lui a été donné.* C'est ainsi que l'alliance se définit.

L'immuabilité de la promesse de Dieu est plus importante à tel enseigne que la volonté d'une personne ne pourra rien y changer une fois prononcée, ainsi le don de la loi à travers Moise ne pouvait pas annuler l'alliance précédente de Dieu avec Abraham. L'alliance de Dieu est une promesse faite (galates 3.16) et en aucun cas Dieu ne peut rompre sa promesse, ni faillir à sa parole. (Esaïe 46 :11 et Heb 6.18).

L'homme depuis le jardin d'Eden et au fil des âges n'a pas pu parfaitement saisir la pensée de Dieu et encore moins l'histoire de sa relation particulière avec l'humanité, Dieu a toujours cherché à se révéler de diverses manières à l'homme. Dans ces derniers temps, Dieu nous a parlé par son fils, Jésus Christ, afin de résoudre le problème d'égarement spirituel dans l'humanité.

Nombreux se livrent à des pratiques occultes offrant toutes espèces de sacrifices et des dons, mais il s'est avéré que le sacrifice fait à d'autres divinités ne saurait leur accorder une approbation éternelle à cause des imperfections liées à la nature de ces sacrifices.

En effet, les sacrifices ont été institués par Dieu et pour Dieu, afin que son regard favorable et ses faveurs se répandent sur l'homme. Ce n'est donc pas une idéologie du diable alors, il n'est plus question de lui accorder ce privilège car ce dernier n'a rien à apporter à l'humanité, si ce n'est qu'un imitateur de nature et il a pour mission d'entrainer les hommes à manquer le but, à rater l'essentiel de la vie.

La nature et la révélation témoignent de concert en faveur de l'amour inexprimable de Dieu. Notre père céleste est l'auteur de la vie, de la sagesse et de la joie. C'est Dieu qui subvient aux besoins de toutes les créatures, ces belles paroles du psalmiste rendent hommage à sa touchante sollicitude :

« *les yeux de tous espèrent en toi et tu leur donnes la nourriture en son temps, tu ouvres ta main et tu rassasies à souhait tout ce qui a la vie* » Psaumes 145.15-16

SECTION 1. DIEU DEMEURE L'AMOUR SANS EXEMPLE

Notre faim de Dieu nous est donnée par Dieu lui-même.

C'est ne pas à cause de la propitiation faite par son fils que le père nous aime, ce sacrifice a été consommé afin de faire naitre dans le cœur du Père des sentiments d'amour parfait pour l'humanité déchue. Dieu a tant aimé le monde qu'il a donné son fils unique, c'est parce qu'il nous a aimé le premier qu'il a pourvu à cette propitiation.

C'est par cet amour profond que Jésus Christ est devenu l'intermédiaire parfait par lequel le Père a pu répandre son amour infini sur un monde perdu et sans avenir. Dieu, le Tout Puissant, le créateur a pu réconcilier, en christ, le monde avec lui-même. (2corinthiens 5.19).

Tandis que nous sommes loin et égarés, notre Père continue à avoir le regard sur nous et est toujours rempli de la même compassion et du même amour profond pour nous.

C'est le cœur de l'amour infini de Dieu et sans référence à aucun autre amour qui a payé le prix de notre rédemption, car il a souffert avec son fils dans son âme.

Dans les détresses de Gethsémané, comme dans la mort du calvaire. Seul le fils de Dieu, son unique fils, l'adoré du Père, avait le pouvoir de nous racheter à un tel prix ; *seul celui qui était dans le sein du Père pouvait connaitre, comprendre et sentir le poids de l'amour incarné; seul un être connaissant la hauteur et la profondeur de l'amour de Dieu pour l'homme pouvait les révéler.*

Il n'a fallu rien de moins que le sacrifice suprême et infini consommer par Jésus-Christ en faveur de l'humanité perdue pour exprimer l'amour profond du Père envers l'homme déchu. Ainsi s'exprime l'amour sans exemple et sans condition manifesté par Dieu en Jésus-Christ.

Neuf sur dix, ce n'est pas assez bon pour lui. Quatre-vingt-dix-neuf sur cent, c'est toujours inacceptable, le seigneur, désire qu'aucun ne périsse. Et dans Jean 17 :9 Jésus dit « c'est pour eux que je prie. Je ne prie pas pour le monde, mais pour ceux que tu m'as donnés, parce qu'ils sont à toi.

En d'autres termes, Ellen G. White précise dans son livre « vers Jésus » :" l'amour que mon père, le créateur de toute chose vous porte est si grand qu'il m'affectionne davantage pour avoir consenti, volontairement et sans contrainte, au sacrifice de ma vie afin de vous racheter".

Je lui suis devenu plus cher par le fait que je me suis constitué votre garant, en déposant et en sacrifiant ma vie et aussi en prenant sur moi toutes vos transgressions ; car, par mon sacrifice, Dieu, le Tout Puissant, mon Père tout en demeurant juste et fidèle, justifiera quiconque croit en moi.

Le Père m'aime, parce que je donne ma vie, afin de la reprendre, personne ne me l'ôte, mais je la donne de moi-même ; j'ai le pouvoir de la donner, et j'ai le pouvoir de la reprendre : tel est l'ordre que j'ai reçu de mon Père. (Jean 10.17-18)

La bible renchérit : « Christ a aimé l'Eglise, et s'est livré lui-même pour elle, afin de la sanctifier, après l'avoir purifiée par l'eau et la parole, afin de faire paraître devant lui, une Eglise glorieuse, sans tâche, ni ride, ni rien de semblable, mais sainte et irréprochable. (Ephésiens 5 : 26-27) Ainsi, Jésus n'a pas honte de nous appeler frère, il est notre avocat, *il parait revêtu de notre humanité devant le trône du Père, il sera pendant l'éternité un avec la race humaine qu'il a rachetée : il est et demeure à jamais le fils de l'homme et l'avocat parfait de l'homme auprès du Père.*

Et tout cela afin de relever l'homme de la dégradation, de sa mort programmée et du péché, afin de le mettre à même de refléter l'amour de Dieu manifesté en Jésus et de participer à la joie de la sainteté. *Le prix payé par Jésus-Christ pour notre salut, Dieu en livrant son fils, son unique fils à la mort pour nous, cela devrait nous donner une profonde idée de ce que nous pouvons devenir en Jésus-Christ.*

A partir de Jésus et de son sacrifice divin, le salut n'est plus une affaire réservée à une catégorie de personnes, mais à toutes les nations. Tout être humain, quels que soient son passé, son histoire sombre soit-elle, sa condition, sa coutume, sa couleur de peau, ses origines, sa culture, ses croyances, peut être sauvé, délivré, guéri, restauré.

Là où il n'y aurait pas des prières, son amour éternel et son instinct d'amour éternel résoudrait les cas graves.

Quand il est donné à l'apôtre Jean, de contempler la hauteur, la profondeur et la largeur de l'amour de Dieu envers l'humanité perdue, il est rempli des sentiments d'adoration et de respect que, dans l'impuissance de mots appropriés, où il exprime l'intensité et la tendresse de cet amour, et s'écrie :

« Voyez quel amour le Père nous a témoigné, pour que nous soyons appelés enfants de Dieu ! et nous le sommes. Si le monde ne nous connait pas, c'est qu'il ne l'a pas connu. » (1jean 3.1). Un tel amour est sans référence et sans photocopie.

L'amour de Dieu prit chair, vivant au milieu des hommes, manifestant la compassion envers les malheureux ; il a guéri les malades et purifié les lépreux, l'amour de Dieu devenu chair est allé ressusciter les morts.

Le Christ est venu donner la réponse, non seulement à nos prières, mais aussi et surtout à nos problèmes. *Pour enfin dire que là où il n'y aurait pas des prières, son amour éternel résoudrait les cas graves et inexpliqués qui dépassent tout entendement humain... alléluia.*

L'Apôtre Paul dans Ephésiens dit ceci : Je prie que vous soyez enracinés et fondés dans l'amour pour être capables de comprendre avec tous les saints quelle est la largeur, la longueur, la profondeur et la hauteur de l'amour de Christ, et de connaitre cet amour qui surpasse toute connaissance, afin que vous soyez remplis de toute la plénitude de Dieu. (Ephésiens 3.17-19)

Bien aimé, "cet amour qui surpasse toute connaissance" comment pouvons-nous comprendre un amour qui dépasse toute compréhension ? Comment connaitre ce qui surpasse toute intelligence et toute connaissance ? Voilà l'amour de Dieu pour nous il est sans limites extérieures.

L'amour de Dieu surpasse celui d'une mère pour son enfant égaré, il dépasse celui d'un mari pour sa femme ou d'une femme pour son époux, car si un enfant, un mari ou une femme pourrait satisfaire tous nos besoins mêmes les plus profonds, alors nous n'aurions jamais besoin de Dieu, l'amour divin envers l'homme est au-dessus de tout. Sa contemplation subjugue l'âme et rend les pensées captives à la volonté divine.

Tous ceux qui veulent comprendre et saisir les choses spirituelles doivent savoir cette primeur que *Dieu est tout suffisant et complet en toute chose alors que l'homme lui, est insuffisant et incomplet en toute chose.*

Dans sa prière, le Pasteur Buddy Owens contemple cette grandeur d'âme de Dieu et dit :

Mon Dieu plein d'amour et miséricordieux,

Je te loue de t'être révélé à moi.

Pourtant même dans ta révélation,

Tu restes un mystère.

Rien ne peut te contenir,

Pourtant tu demeures dans mon cœur.

Rien ne peut te retenir,

Pourtant tu m'attends pour te suivre.

Rien ne peut te définir,

Pourtant tu te réjouis de mes mots d'adoration.

Tu es plus puissant

Que toutes les forces de la nature combinées,

Pourtant tu aimes être touché

Par la prière d'un enfant.

Tu établis toutes les règles,

Pourtant tu as choisi de m'aimer sans conditions ».

(Tiré de l'adoration mode de vie/Buddy Owens)

Dieu n'a pas besoin d'un peu de sagesse humaine pour compléter la sienne. C'est l'homme qui doit se dépouiller de sa prétendue sagesse et intelligence afin de laisser Dieu le revêtir de la sagesse d'en haut.

L'amour de Dieu est la plateforme sur laquelle toute parole de Dieu s'accompli. Elle est la force vitale qui garde votre ciel ouvert. L'amour de Dieu reste le pivot de la réalisation de toutes les prophéties enregistrées dans les écritures.

L'intensité de votre amour pour Dieu déterminera votre niveau d'épanouissement. Il n'y a personne sur cette terre ayant une profonde addiction pour Dieu, et ne jouissant pas d'une pluie de bénédictions continuelle.

Quand vous avez un tel amour pour Dieu, votre ciel restera ouvert en permanence parce que les choses marcheront pour vous en fonction de votre niveau d'amour pour lui.

Dans Romains 8 :28 il est dit : *Nous savons, du reste, que toutes choses concourent au bien de ceux qui aiment Dieu, de ceux qui sont appelés selon son dessein.* Toutes vos luttes quotidiennes seront réglées par l'amour éternel. Quand l'amour de Dieu est en vous, vos luttes et combats de la vie prennent fin. Dieu a tellement aimé qu'il a donné... Vous pouvez donner sans aimer, mais vous ne pouvez pas aimer sans donner. *Tant que vous ne donnez pas Dieu sa place, vous n'aurez pas la vôtre.*

SECTION 2. DIEU N'EST PAS RESTE INSENSIBLE.

Devant l'amour éternel et sans mesure du tout puissant, face aux cris et douleurs de l'humanité, face à la dépression de l'homme et à sa mort spirituelle certaine, l'amour immuable de Dieu l'a toujours poussé à rechercher le bien de l'homme, c'est par amour qu'il a donné son fils unique qui vint avec une vie meilleure par sa nature divine. Il était l'agneau de Dieu sans défaut, l'agneau parfait dont l'humanité avait besoin pour récupérer et entrer dans l'éternité.

Pourtant l'amour illimité de Dieu est tel qu'il aspire continuellement à la restauration de sa relation avec l'homme. « C'est avec jalousie que Dieu chérit l'esprit qu'il a fait habiter en nous. »(Jacques 4 :5) De plus, à travers le sacrifice de Jésus sur la croix, Dieu a ouvert un chemin pour la restauration de la communion qui était perdue.

1 Jean 4.10 l'exprime, en ces termes *« Et cet amour consiste, non point en ce que nous avons aimé Dieu, mais en ce qu'il nous a aimé et envoyé son fils comme victime expiatoire pour nos péchés »*.

Donc il n'est pas resté insensible au cri et à la détresse de l'humanité et pour sauver la race humaine face à la chute, il est venu et il a pourvu à ce sacrifice pour rendre l'humanité sa liberté. Et si Dieu n'était pas venu sauver l'homme, sa condition aurait été pire et désespérée que celle des anges déchus, cette brebis égarée aurait erré toute la vie et sans fin si le bon berger ne l'avait pas recherchée pour la ramener à lui.

Le fils de Dieu en venant dans le monde avait été prédestiné à l'accomplissement d'une mission spéciale, celle du rachat de l'espèce humaine. C'est pourquoi il fut introduit par le prophète Jean Baptiste en ces termes : « voici l'Agneau de Dieu, qui ôte le péché du monde. C'est celui dont j'ai dit : Après moi vient un homme qui m'a précédé, car il était avant moi... je ne le connaissais pas, mais celui qui m'a envoyé baptiser d'eau... » Jean 1 :29-36.

SECTION 3. L'APTITUDE DE DIEU A REPONDRE PROMPTEMENT.

Dès l'instant où tout individu se repent envers Dieu et mets sa confiance et sa foi dans le seigneur Jésus. Dieu, instantanément et immédiatement, lui donne le pouvoir de devenir enfant de Dieu. Le pécheur est sauvé et justifié dès la seconde où il invoque le nom du seigneur Jésus.

Dieu n'a pas besoin du temps supplémentaire ou de préparation matérielle pour exaucer nos prières et nous répondre, il est toujours prêt. Dieu ne vient jamais lentement, encore moins en retard dans le cœur d'un homme qui le supplie de tout son cœur, il ne prend jamais de minutes ou des jours pour faire d'un homme une nouvelle créature.

Mon cher lecteur, je voudrais que tu saches qu'en l'espace d'une seconde, tu peux passer de la mort à la vie de Jésus Christ. Des ténèbres le plus noir à la lumière la plus brillante, Tu peux cesser d'être le fils du diable et devenir un enfant de Dieu en quelques secondes, seule ta décision te mettra à l'évidence.

SECTION 4. L'IMPORTUNITE DANS LA PRIERE

Le seigneur a souligné la nécessité de l'importunité dans la prière, si quelqu'un doit absolument recevoir quelque chose de Dieu il doit prier quotidiennement. L'importunité, c'est la persévérance avec Dieu dans la prière jusqu'à ce que la prière soit exaucée, quel que soit le temps que Dieu prendra pour répondre.

C'est cette détermination à s'accrocher à Dieu et ne pas le laisser s'en aller jusqu'à ce qu'il ait répondu. Jacob avait persisté.

La Bible dit : « Jacob demeura seul. Alors un homme lutta avec lui jusqu'au lever de l'aurore. Voyant qu'il ne pouvait le vaincre, cet homme le frappa à l'emboîture de la hanche ; et l'emboîture de la hanche de Jacob se démit pendant qu'il luttait avec lui.

Il dit : laisse-moi aller, car l'aurore se lève. Et Jacob répondit : je ne te laisserai point aller, avant que tu m'aies béni. Comme on peut le constater, l'importunité n'est pas une prière enfantine ou occasionnelle, c'est un combat de tous les jours.

Jacob avait mis l'ange dans l'embarras et l'ange choisit de le bénir avant de partir. Le seigneur Jésus encourage les gens à s'engager dans la prière de combat, de combattre jusqu'à l'exaucement.

La situation désespérée où nous pouvons nous trouver est une belle occasion pour le déploiement de la puissance et de la sagesse divine. Quelques références bibliques en rapport avec l'importunité dans la prière : -Colossiens 4 :2 « Persévérez dans la prière, veillez-y avec actions de grâces ».

-Luc 18 :1 « Jésus leur adressa une parabole, pour montrer qu'il faut toujours prier, et ne point se relâcher ».

-1 Pierre 4 :7 « la fin de toutes choses est proche. Soyez donc sage et sobres, pour vaquer à la prière ».

Lire aussi : Col. 1 :9, Rom. 12 :12, Ephes.6 :18, Actes 1 :14

Pour montrer qu'il faut toujours prier, et ne pas se relâcher Jésus leur adressa une parabole (Luc 18.1-8) et il la conclut avec cette interrogation : Et Dieu ne fera-t-il pas justice à ses élus, qui crient à lui jour et nuit dans la prière, Je vous le dis, il fera promptement justice.

Le seigneur Jésus nous enseigne que Dieu est comme ce juge inique, non pas en méchanceté ou en réticence, mais dans la capacité d'être touché par l'instance de la prière. Dieu prend plaisir à répondre aux prières de ceux qui persistent à demander.

Il y a quelque chose dans le cœur de Dieu qui répond à l'insistance dans la prière. Dieu fera justice à ses élus avec promptitude, il est anxieux de leur faire justice. Il ne mettra pas longtemps à le faire. Cependant, une question se pose : A quel élu fera-t-il justice ? Il fera justice à l'élu qui, sous l'oppression de l'ennemi, crie à lui jour et nuit.

Nous ne devons pas nous décourager même si notre exaucement tarde ou si nos requêtes tardent à se réaliser, Dieu n'a pas oublier, il a prévu un temps pour la concrétisation de nos prières. L'exemple de SARAH, d'Anna l'épouse d'ULKANNA qui étaient stériles, devinrent mères et allaitèrent, nous montre que Dieu n'est pas un homme pour mentir, prions avec insistance et il nous donnera tous ce dont nous lui demandons en conformité avec sa volonté.

Dieu donne certainement des exaucements aux larmes. Le seigneur fait réellement justice lorsqu'il verra des gens qui font couler des larmes nuit et jour, Il se précipitera à leur secours et mettra rapidement l'ennemi à sa place et assurera leur sécurité. Dieu s'engagé à répondre aux prières des chrétiens dont les prières prennent leur origine en lui et se terminent en lui. La prière est le rail sur lequel le train de la puissance de Dieu se déplace.

Ainsi, la prière d'intercession devient sans doute non seulement la plus haute forme de service chrétien, mais aussi le plus dur travail. Pour celui qui n'est pas intercesseur, une telle déclaration semble absurde. Prier pour les autres est considéré comme une occupation facile.

Les difficultés sont connues. Mais c'est parce qu'ils ne savent rien du ministère de l'intercession. Il ne faudrait pas que la vie de prière pour toi chrétien soit considérée comme un problème secondaire.

Le diable préfèrerait nous faire travailler plutôt que de nous voir prier à tout moment, il sait très bien que le travail sans la prière sera impuissant et stérile. Et par conséquent, s'il réussit à nous occuper de sorte que nous n'ayons pas le temps de prier, il aurait accompli son but.

- la prière est l'arme la plus efficace et la meilleure possible.

La prière est l'arme la plus efficace, rien ne peut résister à sa puissance, elle fait des merveilles là où tout le reste échoue. Et le malheur fait que les chrétiens se tournent vers d'autres choses moins utiles afin d'accomplir ce que seule la prière peut accomplir. Dieu a placé cette puissante arme entre nos mains et il s'attend à ce que nous l'utilisons efficacement, il est déçu quand nous la mettons de côté et substituons des moyens naturels pour le travail surnaturel.

SECTION 5. DIEU L'A OFFERT EN SACRIFICE

Si sa mort était nécessaire, sa vie l'était aussi.

« Tu m'as formé un corps » a dit, « en entrant dans le monde », celui qui y venait pour s'offrir lui-même en sacrifice pour le péché et qui, par cette « seule offrande » nous a rendus parfaits à perpétuité » Ce que la loi, malgré ses sacrifices sans cesse renouvelés, n'avait et n'aurait jamais pu faire (Heb. 10 :5, 14, 1).

Christ a livré tout à la fois son corps et son âme, il s'est offert dans son Etre tout entier. L'Apôtre Paul dans Hebr.10 :10 fait ressortir l'excellence et la perfection du sacrifice de la sainte victime : C'est en vertu de cette volonté que nous sommes sanctifiés, par l'offrande du corps de Jésus-Christ une fois pour toutes.

Jésus christ, le corps qu'il a dû vêtir pour accomplir l'œuvre de notre rédemption, pour mourir à la croix après avoir vécu, car si sa mort était nécessaire, sa vie l'était aussi : il devait être manifesté comme celui qui pouvait s'offrir comme victime sainte, l'agneau sans défaut et sans tâche. (1 Pierre 1 : 18-21)

« Dieu l'a offert en sacrifice. Alors par sa mort, *le christ obtient le pardon des péchés pour ceux qui croient en lui* » **Romains 3 :25.** Nous avons l'assurance qu'il était une offrande agréable à Dieu parce qu'il est la source de vie, et son sang parle mieux que celui de l'innocent Abel et celui des sacrifices des boucs et des taureaux.

Il est le second Adam venu restaurer ce que le précèdent avait perdu dans le jardin d'Eden, car Dieu en créant l'homme le fit à son image selon sa ressemblance afin qu'il soit le seigneur de la terre et jouisse d'une bonne relation de communion avec son créateur.

SECTION 6. DIEU EST DERRIERE SES PROMESSES

La promesse de Dieu doit s'accomplir indépendamment de ce que fait l'homme. La bible affirme qu'il est derrière sa parole pour l'accomplir. Mais un homme de prière peut précipiter l'accomplissement de la promesse en insistant auprès de Dieu, en priant et en demeurant à ses pieds à chaque instant de la vie. Cependant, ceci dépendra de la relation particulière entre Dieu et la personne.

Il y a d'autres promesses qui sont inconditionnelles et pour lesquelles Dieu a également établi un temps où il va accomplir ce qu'il a promis. Dans un tel cas, on n'a pas besoin de prier davantage. La louange et les actions de grâce devraient remplacer la pétition. Une telle promesse fut faite à Abraham en ces termes : « je reviendrai vers toi à cette même époque ; et voici, Sara, ta femme aura un fils » Genèse 18 :10.

Cette promesse est certaine et sûre, même si Abraham ne prier pas pour cette promesse, Dieu demeure fidèle et accomplira ce qu'il a dit et le temps fixé par lui-même.

Dieu avait fait cette promesse avant, mais sans limite de temps. Cette fois-ci, il fixa un temps et il ne restait plus qu'attendre l'accomplissement. Si une promesse faite par Dieu ne s'accomplit pas vous ne devrez pas prendre cela à la légère, vous devrez continuer et persévérer dans la prière en gardant la foi et lui faire totalement confiance peu importe le temps que cela prendra, accroches-toi à la promesse, car ce qui sort de sa bouche s'accomplira certainement nous confirme Habacuc.

Le doute vient du diable,

Le doute vient du diable regarde au seigneur Jésus, fixe tes yeux sur celui qui a fait la promesse, ne regarde pas à toi-même, ne regarde pas la situation que tu traverses car elle est passagère, mets ta confiance en Jésus seul, il a fait des promesses bien définies te concernant.

Il ne changera pas d'idées, tu as été engendré dans sa famille, il sera avec toi jusqu'à la fin, le diable va te réclamer pour te cribler comme du froment comme il l'a fait avec l'apôtre Pierre, mais le seigneur priera pour toi pour que tu vives ta destinée.

SECTION 7. DIEU DEMEURE FIDELE

Si Dieu vous appelle à devenir missionnaire, ne vous élevez pas au-dessus de ce standard pour chercher à devenir millionnaire.

Le mot fidèle exprime la stabilité, la fiabilité et de l'immuabilité dans les pensées de Dieu. Dans l'ancien testament et particulièrement dans Deut. 7:9 Il est écrit : « Sache donc que c'est l'Eternel, ton Dieu, qui est Dieu. Ce Dieu fidèle garde son alliance et sa miséricorde jusqu'à la millième génération envers ceux qui observent ses commandements » et au chapitre 32 verset 4 : « Il est le rocher, ses œuvres sont parfaites, car toutes ses voies sont justes ; c'est un Dieu fidèle et sans iniquité, il est juste et droit. »

Il s'en tient toujours à ce qu'il dit, qu'il s'agisse de ses promesses de bénédictions ou encore de l'annonce de son jugement. En lui il n'y a pas de variation ni d'ombre de changement.

a.   *La fidélité de la parole de Dieu*

La fidélité de Dieu est en étroite relation avec sa parole. Si il est fidèle, si l'on peut compter sur lui en toutes circonstances, alors ce qu'il dit et ce qu'il nous a communiqué dans sa parole écrite a le même caractère de fiabilité et de certitude.

Sa parole est sûre, certaine et vraie. Plusieurs versets le témoignent : Psaumes 19 :7 « la loi de l'Eternel est parfaite, restaurant l'âme, les témoignages de l'Eternel sont sûrs, rendant sages les sots », dans Psaumes 93 :5 « tes témoignages sont entièrement véritables ».

b.   *La fidélité de Dieu et sa justice*

Quand il s'agit de nos péchés, il n'est pas dit que Dieu est fidèle et bon, mais qu'il est « fidèle et juste ». Le jugement divin sera absolument juste. La mesure selon laquelle tous seront jugés est la parole de Dieu. Et dans ce jugement aussi Dieu restera fidèle à sa parole. Nous trouvons également une étroite relation entre la fidélité de Dieu et sa justice aussi bien concernant les incrédules que les chrétiens.

Dans les Psaumes 96 :13, le Roi David confirme que le très haut vient pour juger la terre et il jugera le monde avec justice et les peuples selon sa fidélité. Nous savons que Christ a souffert à la croix pour nos péchés et qu'il les a expiés, lui le juste pour nous les injustes.

Et maintenant nous pouvons rendre témoignage avec l'apôtre Jean : « Si nous confessons nos péchés, il est fidèle et juste pour nous les pardonner, et pour nous purifier de toute iniquité » 1Jean1 :9. Quand il s'agit de nos péchés, il n'est pas dit que Dieu est fidèle et bon, mais qu'il est « fidèle et juste ».

Selon la justice, nous aurions mérité le jugement. Mais, à la croix, Dieu a jugé nos péchés de manière absolument juste, alors que le seigneur Jésus, notre substitut, s'en était chargé. Et ainsi la sainteté de Dieu a été pleinement satisfaite. Sur ce, il nous offre son pardon avec justice, mais il faut que nous confessions sincèrement nos péchés.

David en est bien conscient quand il s'écrie : « *Eternel ! Écoute ma prière ; prête l'oreille à mes supplications ; dans ta fidélité réponds-moi dans ta justice. Et n'entre pas en jugement avec ton serviteur, car devant toi nul homme vivant ne sera justifié* » Psaumes 143 :1-2.

Notre salut repose donc sur la fidélité et sur la justice de Dieu. Certaines forces, certains combats, certaines situations dans la vie peuvent sembler résister à chaque mouvement de prière que vous faites ou tout pourrait sembler être contre vous, en dépit de tous vos commentaires, je suis heureux de vous faire savoir que la prière est une force majeure pour lutter contre toutes les oppositions hors de votre territoire, et par voie de conséquence de triompher dans la vie.

SECTION 8. DIEU PROPHETISE SUR LA GUERISON PHYSIQUE

Lorsque Dieu créa l'homme, il le créa sans aucune maladie, la volonté de Dieu était que l'homme soit en bonne santé dans son esprit, dans son âme et dans son corps. Toute maladie tire sa racine dans le péché. Il n'y avait aucune maladie avant l'arrivée du péché. Dieu fit des provisions pour toutes choses dans le jardin d'Eden, sauf contre la maladie, parce que l'homme n'avait pas été créé pour être malade.

Mais par un homme, le péché fit son entré et avec lui, la mort et tout ce qui mène à la mort : la leucémie, le cancer, le SIDA, la stérilité, le diabète, la fièvre, les douleurs thoraciques, autant que vous pouvez les citer. Le péché et la maladie ont tous deux la même racine, toute maladie est une malédiction, et toute malédiction est le résultat du péché **(Deut. 28 :15-**

68) La bible dit : « ce fut là que l'éternel donna au peuple des lois et des ordonnances, et ce fut là qu'il le mit à l'épreuve.

Il dit : Si tu écoutes attentivement la voix de l'éternel, ton Dieu, si tu fais ce qui est droit à ses yeux, si tu prêtes l'oreille à ses commandements, et si tu observes toutes les lois, *je ne te frapperai d'aucune des maladies* dont *j'ai frappé les Egyptiens ; car je suis l'Eternel, qui te guérit* ».

Le problème du rôle des démons dans les maladies qui affligent le corps humain est un problème débattu et très mal compris jusqu'aujourd'hui, les démons causent des maladies, bien que toutes les Maladies ne sont pas démoniaques, la dégradation de notre corps physique causée par le péché nous a rendu vulnérable à toutes sortes de maladies physiques, ainsi, les démons sont tout à fait capables de manipuler les bactéries et les virus, et de causer d'énormes dégâts.

À l'intérieur de la parole de Dieu, gît la vie même de Dieu. Et à l'intérieur de la vie de Dieu se trouve la santé parfaite que vous désirez, parce que la vie éternelle est immunisée contre les maladies et les affections. Proverbes 4 h 20 min 22 s « Mon fils, sois attentif à mes paroles, prêtes l'oreille à mes discours. Qu'ils ne s'éloignent pas de tes yeux ; garde-les dans le fond de ton cœur ; car c'est la vie pour ceux qui les trouvent, c'est la santé pour tout le corps »

La parole de Dieu est la santé pour tout le corps, c'est la vie pour ceux qui les trouvent et non pour ceux qui les lisent. Exode 15 :26 « Je suis l'Eternel qui te guérit (Jéhovah Rapha), c'est le même Dieu qui a dit : « je suis l'Eternel, je ne change pas » il n'est pas seulement le sauveur de votre âme, mais aussi le médecin de votre corps.

Lorsque les deux aveugles crièrent à Jésus pour leur guérison dans (Matt. 9 :27-30)   Jésus toucha ces aveugles.

Mais leur guérison ne fut pas effectivement garantie avant l'établissement de leur foi. De même, votre santé physique, votre fécondité, votre maladie n'est pas sujette aux circonstances du moment ou aux rapports médicaux de tel médecin spécialiste, de tel savant ou chercheur. Il vous sera fait selon votre foi.

Le rapport médical vous est destiné à vous faire accepter la défaite, à vous faire accepter la maladie et ses corollaires, et ce rapport vous accuse constamment et vous corrompt, mettez alors votre foi en action, *votre guérison dépend de votre foi en Dieu.*

Voyez plutôt dans ce rapport l'omnipotence de Dieu sur toutes les situations. Les lois naturelles ou terrestres n'ont aucun pouvoir pour soumettre les lois spirituelles, quelques soient les circonstances.

La science dit que si une femme atteint l'âge de la ménopause, elle n'a plus la capacité de concevoir, ni de porter d'enfant. Mais cette loi fut suspendue et rendue nulle dans le cas de Sarah, elle avait conçu à quatre-vingt et dix ans ! Zacharie et sa femme Elisabeth sont eux aussi l'exemple d'un couple ayant eu des enfants contre toutes les lois scientifiques, aujourd'hui encore, contre toute attente la science tâtonne, tangue dans certains domaines seule la foi en Dieu triomphe d'elle.

Aujourd'hui, quoique l'évangile se soit répandu et ait atteint tous les continents, il faut admettre que le pouvoir de guérir les malades n'a jamais été vu à nouveau sur terre comme au temps de Jésus où pas une seule personne malade venue à lui n'aie rentrée sans être guéri.

Si vous voulez marcher dans la victoire, vous devez être pleinement conscient de votre identification avec Christ dans toutes les étapes de son œuvre rédemptrice. Comme il est assis à la droite du père, cela veut dire, il assure la victoire parfaite de l'homme dans toutes les batailles de la vie, vous êtes légalement identifié à lui.

SECTION 9. MIEUX VAUT ETRE SON AMI QUE SON SERVITEUR

Dans la cours du roi ou dans le palais présidentiel, les serviteurs sont tous tenus de garder leur distance vis-à-vis du roi et de sa famille, ils vivent distants du roi, ils ne connaissent pas le secret du roi, le roi ne leur confie jamais les confidences surtout pas ses projets, alors que les amis, les vrais amis, qui sont les personnes formant un cercle intime et de confiance jouissent d'un contact permanent et direct et de fois même individuel avec le roi.

Ils vivent dans les confidences du roi, ils sont les privilégiés du roi, ils ont la primeur de l'information et des projets, notamment : Moise, Abraham, Jacob et les autres considérés comme véritables amis de Dieu, ils anticipent sur les décisions et sont en permanence en présence du roi et cela les a différencié des serviteurs.

Le Seigneur Jésus dit : « *Je ne vous appelle plus serviteurs, parce que le serviteur ne sait pas ce que fait son maitre ; mais je vous ai appelés mes amis, parce que je vous ai fait connaitre tout ce que j'ai appris de mon père*. Ce n'est pas vous qui m'avez choisis, et je vous établis, afin que vous alliez, et que vous portiez du fruit, et que votre fruit demeure, afin que ce que vous demanderez au Père en mon nom, il vous le donne » ***Jean 15 :15-16.***

Et au chap. 3.29, l'apôtre Jean continue et dit : Celui à qui appartient l'épouse, c'est l'époux ; mais l'ami de l'époux, se tient là et qui l'entend, il est dans la joie à cause de la voix de l'époux. L'ami de l'époux est un confident, c'est un choix parmi plusieurs, l'époux peut recourir à lui directement sans protocole et à tout moment.

Le mot ami de Dieu ne concerne pas une relation occasionnelle, fortuite ou contractuelle, mais plutôt une relation profonde et intime qui relie les cœurs et passionne les âmes. Psaumes 25.14 : « l'amitié de l'éternel est pour ceux qui le craignent et son alliance leur donne instruction.

La bible affirme que Dieu partage ses pensées secrètes avec ses amis et non avec ses serviteurs, si vous voulez savoir comment Dieu pense, comment il vagit, comment il fait des choses ? Vous devez être d'abord son ami et passer du temps en sa présence ainsi vous découvrirez sa volonté et vous deviendrez son confident.

SECTION 10. APPRENDRE A REVEILLER LE MAITRE

Le seigneur Jésus dormait d'un sommeil confortable soudainement la tempête a commencé et les disciples ont tous paniqué car ils voient la mer les engloutir.

Lorsque la tempête de la vie vous entoure, les difficultés et souffrances surviennent, la mort et désespoir vous accablent, comment faites-vous pour vous en sortir ? Comment faites-vous pour retrouver la paix perdue ? Comment combattez-vous ?

Marc 4.37 :41 « il s'éleva un grand tourbillon, et les flots se jetaient dans la barque, au point qu'elle se remplissait déjà. Et lui, il dormait à la poupe sur le coussin paisiblement. Ils le réveillèrent, et lui dirent : Maitre, Maitre ne t'inquiètes-tu pas de ce que nous périssons ? S'étant réveillé, il menaça le vent et dit à la mer : Silence ! Tais-toi ! Et le vent cessa, il eut un grand calme.

Puis il leur dit : pourquoi avez-vous ainsi peur ? Comment n'avez-vous point de foi ? Ils furent saisis d'une grande frayeur, et ils se dirent les uns les autres : quel est donc celui-ci, à qui obéissent même le vent et la mer ?

Certainement, au départ les disciples se sont dits : ne dérangeons pas le Maître. Mais quand la tempête a commencé à faire rage, quand ils ont vus la mort en face, ils ont été contraints de recourir au maître. Ne vous débattez pas seul bien aimé, apprenez à réveiller le maitre. Les combats que vous essayez de remporter seul, sont souvent les affaires du maitre. Dans ce récit, le maitre Jésus, s'est réveillé et a ordonné en ces termes : SILENCE ! Et le vent cessa.

SECTION 11.   LE COMBAT DE L'OBEISSANCE

L'esprit du seigneur se meut à travers le monde cherchant un certain type de personnes pour servir dans l'armée de Dieu, celles dont le cœur est prompt et parfait envers Dieu.

Quand l'esprit trouve une telle personne, il prend plaisir à montrer sa force à travers lui et à manifester visiblement sa puissance et son approbation dans la vie.

Soyons précis, même si les récompenses sont nombreuses, la perspective du combat spirituel n'est jamais facile. Le désir de le servir avec un cœur parfait demande de tout donner.

La bible nous dit : Abraham, Moise et Job étaient ce type de soldat, ils ont accepté de relever les défis et ont atteint l'apogée de la connaissance et la croissance spirituelle. Un soldat de Dieu s'engage à obéir, peu importe ce que cela coûte et n'oublions surtout pas que le fait d'être approuvé de Dieu aura un coût.

Et le message de Dieu pour toi en ce temps de la fin et aujourd'hui est : **« *marche devant ma face et sois parfait* »** c'est dans ces conditions que nous accomplirons nos rôles dans la bataille spirituelle. Marcher devant lui, c'est lui obéir en toute chose. Je me suis souvenu d'une phrase dans Actes 27 :20 « Nous perdîmes enfin toute espérance de nous sauver. » c'était le but des épreuves de Paul : l'amener à un stade où tout espoir était perdu, tout était flou devant lui, il ne savait quoi faire, il attendait seulement la mort, il n'avait plus aucun espoir en dehors de Dieu.

C'est à partir de cette expérience que Paul a compris la toute suffisance de Dieu en toute chose. Ainsi Dieu nous amène à un stade de totale dépendance envers lui pour démontrer qu'il est digne de confiance.

Petit à petit, à travers les circonstances et les années, j'ai compris cette leçon de dépendance totale à Dieu. Je dois vous dire que j'ai été lent à apprendre.

Le tout puissant, sauveur, a utilisé différentes méthodes, différentes circonstances et plusieurs moments pour que j'applique la leçon et j'ai aussi retenu que plus je dépendais complètement de Dieu, plus les résultats étaient surprenants, des résultats que je n'aurais jamais pu obtenir en dépendant même à moitié des efforts humains et personnels.

Ainsi, nous pouvons prier avec Derek Prince en ces termes : *Seigneur, je dispose mon cœur pour être vigilant. Même si je ne comprends pas tout ce que tu fais, je te ferais confiance et je serai fort dans le Seigneur et dans la puissance de ta force. Que je sois trouvé fidèle dans tout ce que tu as pour moi. (Derek prince in les règles du combat p23)*

SECTION 12. L'HARMONIE INTERIEURE

À l'aube de la création, l'homme expérimentait une relation directe avec Dieu. Dieu a agi sur l'esprit de l'homme, alors que l'homme pouvait à son tour agir sur l'âme et l'âme agir sur le corps. Tant que l'homme reste dans la soumission à Dieu et son âme dans la soumission à son esprit, l'homme fonctionnera en harmonie avec Dieu et avec lui-même.

A travers la rébellion de l'homme, son esprit a été mis de côté et son âme a pris le contrôle. Il en résulte que l'homme non régénéré est contrôlé par trois fonctions de son âme : la volonté, l'intelligence et les émotions.

Mais quand Dieu réconcilie l'homme avec lui-même, son objectif majeur est de restaurer l'ordre originel par lequel il entre en contact direct avec l'esprit humain et à son tour, l'esprit de l'homme agit sur son âme et sur son corps.

D'emblée nous disons que l'esprit de l'homme renouvelé agit sur l'âme, et l'âme ainsi touché influence le corps entier.

Si à un moment quelconque de la vie, l'homme vit et demeure dans le péché, réaffirme sa rébellion contre Dieu, son âme ne serait plus soumise à son esprit et l'harmonie interne est brisée. Cela signifie tout simplement qu'il y aura des tensions constantes entre l'esprit et l'âme.

Pour la compréhension des choses spirituelles, l'âme est dépendante de l'esprit. Si elle n'est pas en harmonie avec l'esprit, le domaine de la vérité lui est fermé. Paul le confirme dans 1 corinthiens 2 :14-14 « Mais l'homme animal ne reçoit pas les choses de l'esprit de Dieu, car elles sont une folie pour lui, et il ne peut pas les connaitre, parce que c'est spirituellement qu'on en juge. L'homme spirituel au contraire, juge tout, et il n'est lui-même jugé par personne.

Quand l'âme d'un chrétien n'est pas soumise à travers son esprit à Dieu, il devient un canal à travers lequel toutes sortes de désirs charnels et de divisions peuvent infiltrer. Quand les chrétiens deviennent terrestres, ils perdent la vision de l'éternité, ils ne peuvent voir au-delà des choses de cette vie : le succès, le plaisir, la richesse, la santé physique... pour ces genres de personnes voici ce que Paul dit dans 1 corinthiens 15-19 « Si c'est seulement dans cette vie que nous espérons en christ, nous sommes les plus malheureux de tous »

Les démons agissent suivant un droit légal et si celui-ci n'est pas formellement brisé, ils ne s'en iront pas. Ils pourront disparaitre pendant un certain temps, mais ils reviendront plus tard parce que leur droit légal n'est pas brisé.

Toute personne a le droit de savoir d'où il est venu, car les origines orientent la vie présente, qui à son tour dessine incontestablement les perspectives d'avenir. Si vous ne savez pas d'où vous venez, il vous sera difficile de savoir où vous êtes et surtout où vous allez.

CHAPITRE 4. TON COMBAT : FERME TOUTE PORTE D'ENTREE

Ils paraissent saints de l'extérieur, mais ils vivent dans le péché et souffrent de l'intérieur.

Dans toutes les sociétés, de génération en génération, il existe et a toujours existé des pratiques apparemment anodines qui sont pourtant des véritables ponts permettant aux esprits d'entrer facilement dans la vie des hommes, de siéger dans les familles, dans les villages et les clans.

Lorsque dans un territoire, dans une famille donnée, les ancêtres et ou les arrières parents à la recherche du pouvoir, de la célébrité, de la guérison, de la richesse, de l'auto-défense, de la protection, et pour passer d'une classe sociale à une autre etc., se livrent à certaines pratiques, comme pactes magiques ou sataniques, l'initiation à la sorcellerie, les sacrifices humains, ou d'animaux, au pieds des arbres sur les montagnes ou dans les vallées, sur des rochers, dans des cours d'eau ou au bord de la mer, dans les maisons ou chambre à coucher...

Ils consacrent ainsi tout ce territoire et ses habitants, toute la famille et la progéniture aux anges déchus, et ceux-ci en deviennent les nouveaux propriétaires et feront que cette nouvelle habitation restera pour longtemps leur terrain personnel. Ces esprits ne meurent jamais, quand bien même les hommes qui ont scellé ces alliances décèdent.

Dans la vie en général, toutes les fois que vous serez en contact avec Satan ou ses services, vous ouvrez les portes d'entrée aux puissances sataniques et à l'infestation des démons dans la vie. Raison pour laquelle Dieu est clair et précis là-dessus.

Lévitique 19 :31 dit : « Ne vous tournez point vers ceux qui invoquent les esprits, ni vers les devins ; ne les recherchez point, de peur de vous souiller avec eux. Je suis l'Eternel votre Dieu ».

Ces portes d'entrée une fois ouvertes, donnent à Satan le droit légal, d'exercer sa puissance dans la vie et celle de la progéniture, les chrétiens ne sont pas protégés, parce que l'ouverture de ces portes d'entrée dépend soit de leur participation consciente ou inconsciente au péché, soit de leur ignorance et surtout de ce que les parents auront fait dans le passé.

Plusieurs chrétiens aujourd'hui sont incapables de faire la volonté de Dieu, de vivre une vie chrétienne comblée et en abondance en Jésus Christ, parce que leur volonté et leurs pensées sont littéralement liées par la puissance de ténèbres, à cause d'une porte ouverte à Satan dans leur vie et/ou dans le passé lointain par les parents et ou ancêtres.

Beaucoup des chrétiens sont sous le joug du diable parce que Satan réclame toujours un droit de propriété sur la vie, pour la protection qu'il leur a une fois apportée, pour la bague offerte, pour la richesse familiale qu'il leur a donné, pour l'enfant tant attendu qu'il leur a donné avec les conditions,... dans ce sens, quand Dieu est sur le point d'accomplir un miracle, une délivrance dans la vie de ces gens, le diable se soulève avec un combat ou une protestation.

Bien aimé, tout contact conscient ou inconscient, parfait ou imparfait avec l'occultisme, légal ou illégal, rationnel ou irrationnel, léger ou bref soit-il, ouvre la porte d'entrée.

Prenons le cas simple et connu de tous, comme jouer avec votre horoscope, faire lire les lignes de vos mains, vous faires sur la peau certains tatouages, consulter les devins et marabouts, combien dans les fêtes scolaires ou autres avions accueillis les devins, les magiciens et diseurs de bonnes aventures pour nos enfants ?, chers chrétiens, aucune de ces pratiques n'est sans conséquence sur vous et sur les enfants car leur avenir est déjà entaché.

Deutéronome précise dans son chapitre 18, verset 14 à 12, nous met en garde : « *Qu'on ne trouve chez toi personne qui fasse passer son fils ou sa fille par le feu, personne qui exerce le métier de devin, d'astrologue, de magicien, d'enchanteur, personne qui consulte ceux qui invoquent les esprits ou disent la bonne aventure, qui interroge les morts. Car quiconque fait ces choses est en abomination à l'Eternel ; et c'est à cause de ces abominations que l'Eternel, ton Dieu, va chasser ces nations devant toi* ».

Une seule visite chez le féticheur, une brève rencontre auprès du marabout ou féticheur, un petit tatouage sur le corps, une petite incantation, une petite et simple cérémonie, un seul breuvage en petite quantité soit-elle, une seule séance de spiritisme, est suffisante pour influencer le reste de votre vie et vous détruire ensuite.

Il en est de même pour certaines lectures vouées à la science occulte, à la magie et à la sorcellerie, la pratique de la radiesthésie, la méditation proposant de faire le vide dans les pensées, la pratique de la lévitation, c'est à dire le déplacement d'objets sans les toucher physiquement, la consultation d'un médium, l'invocation des esprits des morts, la pratique de la sorcellerie, ainsi que bien d'autres, chacune de ces choses ouvrira une porte d'entrée à la puissance de Satan et aux démons. Tout abus de drogues, d'alcool et de sexe, ouvrent aussi des portes d'entrée.

Les violences exercées sur les enfants entrainent presque et toujours une infestation démoniaque plus tard dans la vie ces enfants deviennent des rebelles et adeptes des démons, raison pour laquelle des enfants maltraités, violentés, mal nourris et mal éduqués, s'ils ne sont délivrés à temps, deviennent malheureusement des criminels et adeptes du diable et des véritables canaux de transmission démoniaques.

Il y aussi les relations sexuelles pratiquées en dehors du plan et cadre établis par Dieu, qui sont aussi une large porte d'entrée aux démons et à l'infestation, car les deux personnes impliquées deviennent une seule chair... (1 Cor.6 :16-18).

C'est la raison pour laquelle Dieu a donné à son peuple tellement des commandements et interdits visant à ne pas avoir de rapports sexuels avec quiconque n'est pas sa femme ou son mari juste pour nous protéger de cette source d'infestation démoniaque.

SECTION 1.   FERMEZ-LUI L'ACCES

Après avoir chassé le péché de votre vie, vous êtes obligé d'aller plus loin dans l'exercice de votre autorité, en lui interdisant l'accès ; si non votre bataille contre le diable sera loin d'être terminé, et votre situation risque d'être pire qu'avant, comme l'a illustré Jésus dans le passage de Matt.12.43-45 suivant : « Lorsque l'esprit impur sort d'un homme, il va par des lieux arides, cherchant du repos, et il n'en trouve point. Alors il dit : je retournerai dans ma maison d'où je suis sorti ; et, quand il arrive, il la trouve vide, balayée et ornée. Il s'en va, et prend avec lui sept autres esprits plus méchants que lui...»

Bien aimés, les esprits méchants sont errants, cherchant où s'installer : la convoitise de la chair, la convoitise des yeux, l'orgueil et l'arrogance de la vie, sont tous à la recherche d'une proie à capturer. Les méchants esprits ne vous laisseront pas vous reposer, ils voudront exercer la domination pendant des siècles et continuer à vous soumettre à leur emprise. Cela explique pourquoi votre combat est une affaire de vie ou de mort à prendre avec beaucoup de sérieux.

Paul dit dans Ephésiens 4 : 27 « Ne donnez pas accès au diable » cela veut dire que vous ne devez pas donner au diable une quelconque place en vous, vous ne devrait pas lui donner même pas une seconde de votre vie, Il ne peut prendre aucune place à moins que vous lui en donniez la permission.

Voici ce que Jésus déclare dans Luc 10 :19 « voici, je vous ai donné l'autorité de marcher sur les serpents et sur les scorpions et sur toute la puissance de l'ennemi et rien ne pourra vous nuire ». Quel degré d'autorité vous avez sur le diable ?

Cependant, si vous écoutez certains chrétiens ou certains prédicateurs, vous aurez l'impression que le diable est plus grand que tout le monde, et qu'il dirige tout, de l'ignorance et du mensonge du diable. Le plan merveilleux de Dieu pour nous est que nous régnions comme de rois, régner sur les circonstances, sur la pauvreté, sur la maladie, et sur toutes les autres choses semblables.

SECTION 2. L'INIQUITE DU PERE SUR LES ENFANTS.

Le diable volera votre joie, détruira votre famille, tuera votre foi en Dieu et anéantira tout espoir.

Fermer cette porte !

L'ancien testament présente de nombreuses références parlant des péchés des ancêtres qui se transmettent aux enfants. Certaines références sont trouvées dans Exode 20.5 et 34 :7, Nombres 14 :18, Deutéronome 5 :9.

Lisons aussi Lamentations 5 :7 « *Nos pères ont péchés, ils ne sont plus, et c'est nous qui portons le fardeau de leurs fautes* » Certains démons se transmettent de génération en génération, telle que la sorcellerie, l'adoration des totems et tout serment prêté par des parents ou des ancêtres, quand les grands parents consacraient leurs descendances aux idoles au même moment ils plaçaient leurs vies entières sous le contrôle des démons et du diable.

Nos ancêtres qui vénéraient les idoles ne connaissaient pas l'influence accablante de l'autel. L'autel de l'idole familiale était le lieu de contact entre les aïeux et les générations futures. La seule voie de fuite à ce genre d'infestation est de donner sa vie à Christ et prier jusqu'à la délivrance totale.

Néhémie 9.1-2 dit ceci : *le vingt-quatrième jour du mois, les enfants d'Israël s'assemblèrent, revêtus de sacs, et couverts de poussière, pour la célébration d'un jeûne. Ceux qui étaient de la race d'Israël, s'étant séparés de tous les étrangers, se présentèrent et confessèrent leurs péchés **et les iniquités de leurs pères**.*

Nous découvrons dans ce passage qu'à chaque fois qu'Israël a connu un réveil important les gens s'assemblaient pour jeuner et prier et pour confesser non seulement leurs propres péchés, mais aussi les péchés de leurs pères.

Nos aïeux qui vénéraient les idoles inconnues de différentes sortes nous ont légué de coûteuses dettes en dédiant des générations d'enfants non encore nés aux puissantes idoles. Dans leur naïveté ils ont fait don de leurs enfants et petits-enfants aux méchantes divinités et au diable.

L'histoire du monde reflète en vérité et de manière singulière, la colère de Dieu contre les péchés des ancêtres, les péchés des parents, et dans ces conditions les familles sont rétrogradées ou élevées sur la base de leurs attitudes face aux péchés héréditaires, aux péchés liés aux totems, aux idoles de la famille, et à l'histoire de votre famille.

Les démons héréditaires qui nous possèdent ou qui nous ont possédé non pas au travers des actes que nous nous avons commis nous-mêmes, mais à cause des pactes magiques, des pratiques d'idolâtrie, et occultes ou des crimes commis par nos parents ou nos ancêtres, nous affirmons que les démons sont des esprits et par conséquent ils ne meurent point quand bien même les parents avec qui ils ont pactisé sont morts.

Les péchés de nos parents ont effectivement de graves conséquences pour notre propre vie et aussi celle de nos enfants.

Si la guerre éclatait dans le monde aujourd'hui et que vous n'êtes pas en mesure de sauver votre pays, vous pouvez au moins essayer de sauver votre ville. Si vous ne pouvez pas sauver votre ville, cherchez à sauver votre communauté.

Si vous ne pouvez pas sauver votre communauté, essayez de sauver votre rue, si vous ne pouvez pas sauver votre rue, cherché à sauver votre famille et si ne vous ne pouvez pas sauver votre famille, cherchez à sauver votre ménage, si vous ne pouvez pas sauver votre ménage, essayez de vous sauver vous-même. La porte de l'hérédité doit être fermée par la prière, par la confession, et par la puissance purificatrice du sang de Jésus-Christ.

1 Pierre 1.18-19 déclare : « Sachant que ce n'est pas par des choses périssables, par de l'argent ou de l'or, que vous aviez été rachetés de la vaine manière de vivre que vous avez héritée de vos pères, mais par le sang précieux de Christ, comme d'un agneau sans défaut et sans tache ».

Qu'est-ce que la bible appelle vaine manière de vivre que nous avons héritée de nos pères ? Il s'agit des pratiques ancestrales, des cérémonies traditionnelles, des pratiques occultes, de la magie, des fétiches, des sacrifices humains, des sacrifices d'animaux, des incantations coutumières, des modes de vie démoniaques, des magies et autres jugés anti-bibliques et abominables devant Dieu que nos parents ont faites dans leur ignorance de l'évangile, et qui ont été des véritables canaux pour faire entrer le diable et ses anges déchus dans nos affaires, dans nos familles, dans nos ménages et plus particulièrement dans nos vies.

Nous avons été rachetés à un grand prix, par le sang précieux du Christ, l'agneau de Dieu sans tâche. Dieu n'a pas pris la forme d'un animal, un bouc, une vache, un taureau, mais, il a pris la forme humaine et il est devenu semblable à chacun d'entre nous. Jésus n'est pas mort pour sauver les animaux, ni pour sauver les anges déchus. Il est mort pour sauver l'humanité et nous réconcilier avec Dieu le Père.

SECTION 3. L'INFLUENCE DE LA TELEVISION, DE LA MUSIQUE ET DES JOUETS.

Fermer cette porte.

Les influences occultes s'exercent aussi de manière ouverte dans les jouets pour enfants ainsi que dans les dessins animés à la télévision. Dans la plupart de ces jouets et jeux télévisés qui se présentent comme des aventures innocentes et sans importance dans lesquels on mène de nombreux combats contre des monstres ou des créatures informes possédant certaines capacités et caractéristiques.

Ces jeux sont souvent accompagnés de manuels d'utilisation qui présentent les détails et caractères de chaque monstre ou créature. Ce que les enfants ignorent et leur parent également, c'est que ces êtres superpuissants, et compliqués sont en réalité des démons bien réels, non seulement ils jouent à l'intelligence, mais les joueurs pénètrent l'esprit et l'âme du joueur et captivent ces jeunes sur le plan spirituel.

Le diable se prépare une vaste armée, recrutant parmi ces jeunes enfants le plus intelligents et les plus doués pour en faire des experts demain car il sait qu'il peut orienter leur imagination vers le monde spirituel et préparer indirectement sa relève.

Les parents ont besoin de faire très attention aux objets, instruments et autres jouets qu'ils permettent aux enfants d'utiliser, ainsi qu'aux dessins animés qu'ils leur laissent voir chaque jour à la télévision.

Il y a certains qui continuent à débattre au sujet de la musique destructive, cette musique véhicule un message et propage des danses. Ce n'est pas tous les chants qu'un chrétien doit chanter. Certains chants sont démoniaques et diaboliques, eux-mêmes les chanteurs en témoignent et le disent à chaque interview à la télévision et à la radio, les adeptes du diable vivent et proclament cela aujourd'hui, quelle autre preuve voulez-vous ?

Certains musiciens du monde sont inspirés à chanter par la puissance de l'enfer, dans le but de secouer le monde entier. Dans plusieurs morceaux de leur musique, les paroles sont de véritables incantations permettant d'appeler ou d'invoquer les démons et le diable lui-même, d'autres font la publicité du diable dans leur chanson.

Vous, étant enfant chéri de Dieu, racheté à un grand prix, vous ne devriez pas chanter des chansons qui ne glorifient pas Dieu, et qui n'édifient pas votre âme. Toutes les portes doivent être fermées.

SECTION 4. L'ORGUEIL ET L'ARROGANCE

Ne désirons pas être des chrétiens dont on parle ; mais des chrétiens que le seigneur approuve.

Fermer cette porte.

Etre orgueilleux ou arrogant, c'est un signe clair qu'on est loin des principes chrétiens, vous devez apprendre à être humble, sachez que Dieu résiste aux orgueilleux et donne grâce aux humbles, faites tout pour diriger toute la gloire, l'honneur et la paix à Dieu. Ne tombez pas dans la tentation de se gonfler au sujet de vos diplômes, de votre beauté, votre taille, vos richesses terrestres et accomplissements mondains.

L'orgueil est aussi le motif attribué à Lucifer dans Esaïe 14 :13-14, il reste la principale motivation que Satan utilise pour amener les êtres humains à pécher. L'orgueil a causé la chute de plus d'hommes et de femmes que tous les autres péchés. Bien aimés, beaucoup d'intellectuels et de produits de première qualité n'ont rien apporté à l'humanité si ce n'est que servir la chair, le diable et ses envoyés, vous avez plus besoin de l'esprit de Dieu qui vivifie.

Beaucoup des gens utilisent l'arrogance pour tenter de cacher leur propre ignorance. Un homme intelligent a dit : n'a pas tort celui qui dit qu'il ne connait pas, et celui qui dit qu'il connait n'a pas non plus tort, a tort celui qui dit qu'il connait alors qu'il ne connait pas. Quand vous savez que vous êtes ignorant sur un sujet précis, instruisez-vous ou demander l'aide d'un expert dans le domaine ou peut être cherché à lire un livre sur le sujet.

A cause de l'orgueil et de l'arrogance, plusieurs cerveaux sont gaspillés dans les cimetières, qui auraient pu être de grands intervenants pour Dieu, pour l'Eglise, pour la société et pour le monde en général. Ils sont morts et rendus inutiles parce qu'ils ont vécu dans l'orgueil et l'arrogance et n'ont jamais connu Dieu pendant qu'ils furent vivants. Toutes les portes doivent être fermées.

SECTION 5. L'IDOLATRIE ET LA SORCELLERIE

Fermer cette porte.

La Bible exige que tout culte soit rendu uniquement au Dieu créateur par l'intermédiaire de son fils Jésus-Christ, et condamne tout culte rendu à une autre divinité. Que ces cultes soient rendus dans des temples ou en plein air, dans des endroits dits sacrés, à des divinités représentées par des objets ou des dessins, des animaux ou des hommes.

La bible déclare avec fermeté que tout culte rendu en ces lieux est au compte des démons. L'Apôtre Paul déclare dans 1 Corinthiens 10 :20-23 que tous ceux qui mangent des aliments ou prennent des boissons sacrifiées dans ces lieux sacrés et ces temples d'idoles entrent en communion avec les démons.

Nous tenons également à faire comprendre aux lecteurs que la sorcellerie, ainsi que toute pratique occulte et toute forme de magie (noire, blanche, rouge, asiatique, etc.) ne sont que des pactes conscients signés avec le diable.

Les pactes sont aussi désignés par des expressions comme : initiations, qui sont en réalité que des rituels des démons aux travers desquels on fait manger et boire aux initiés certaines potions, on leur fait réciter des formules ou invoquer certains noms, on peut aussi faire lire certains livres spécifiques et faire introduire certaines choses dans le corps par scarification ou par ingurgitation, leur faire dormir dans des endroits bizarres ou tout simplement les amener à avoir des rapports sexuels avec des animaux, des cadavres, des esprits ou d'autres membres déjà initiés.

Eviter les idoles humaines : qui sont en réalité, les parrains et marraines sur qui vous-vous êtes appuyé jusqu'à ce jour. Et c'est la raison pour laquelle l'Eternel vous a laissé vous débrouiller tout seul.

Les personnes que vous adorez sur cette terre en vue de recevoir une aide, une protection, une assistance quelconque ou des avantages, sont la principale raison pour laquelle vous êtes par terre et effacer. En fixant vos yeux sur ces choses et ces personnes, vous vous éloignez de la foi en Dieu et en ses capacités d'agir. Aussi longtemps que vos yeux, votre être tout entier, votre vie ne sont pas fixés sur le serpent d'airain qui est Jésus-Christ, vous allez échouer en toute chose. (Matt.6 :22)

On vous montrera des secrets cachés et l'on vous donnera aussi des objets qu'il faudrait garder jalousement. Les rituels varient selon les différents types de sorcellerie et de magie. Ces rituels permettent d'ouvrir l'être (le corps, l'âme et l'esprit) de l'initié aux démons et ceux-ci viennent s'installer et créent une relation consciente et constante avec ce dernier.

Dans Deutéronome 18 : 9-14, Dieu met son peuple en garde contre l'initiation à toute forme de magie et à toutes les autres pratiques ancestrales, traditionnelles ou culturelles qui pourraient le mettre en contact avec le diable directement ou indirectement, volontairement ou involontairement.

Dans ce verset Dieu dit : « Car ces nations que tu chasseras écoutent les astrologues et les devins ; mais à toi, l'Eternel, ton Dieu, ne le permet pas ».

Dieu veut voir toute idole de votre vie et de votre famille brulée et anéantie, pour vous éviter d'être brulé. Les idoles sont un feu étranger, et quiconque garde du feu étranger en son sein, dans ses vêtements, dans son bureau ou ailleurs sera inévitablement consumé.

Ce que vous avez tenu secret dans un coin de votre maison ou au plus fond de votre cœur est la seule raison pour laquelle le feu brule dans votre vie, dans votre foyer, dans votre mariage, dans la vie de vos enfants, dans la vie de votre conjoint. Faites sortir ce feu étranger de votre cachette et votre vie prendra une forme nouvelle.

Je ne sais pas où vous allez le soir, ou tard dans la nuit, ou ce avec quoi vous –vous humectez les lèvres avant de sortir de votre maison, je ne sais pas ce que vous cachez sous la moquette ou le tapi de votre bureau, ni ce que votre (grand) mère vous a donné dans votre jeune âge, quel tatouage significatif vous avez imprimé sur le corps ? je ne sais pas ce que vous avez hérité de votre père et que vous adulez tant, quel secret gardez-vous qui vous empêche de voir la gloire de Dieu dans votre vie. . Faites sortir ce feu étranger de votre cachette votre vie prendra une autre forme nouvelle.

Les objets et idoles cachés dans votre maison affligent votre famille, vos affaires et votre santé. Croyant vous protéger et vous rendre riches, ces choses vous rendent vulnérables.

Bien aimé, lorsque *Dieu est contre vous, soyez en sûr, que toute autre chose ou toute la création sera aussi contre vous.* Toutes les portes doivent être fermées.

SECTION 6. L'IMPUDICITE ET L'IMMORALITE

Fermer cette porte.

Dieu en créant l'homme et la femme, a également créé le sexe pour la procréation et pour le plaisir du couple, mais uniquement et seulement dans le cadre légal du mariage. Lorsqu'on pratique la sexualité en dehors de ce cadre institué par Dieu, qui est le mariage, on se soustrait du plan de Dieu et on tombe ainsi entre les mains du diable et ses démons.

Notre société actuelle fait tous ses efforts pour désacraliser et banaliser le sexe afin d'en faire un objet sans important et sans valeur. Et cela est une réalité aujourd'hui, le sexe est sorti à la place publique, il est à la portée de tout le monde y compris les enfants. La société a placé le sexe au mur, au salon, dans chambres des enfants, dans les téléphones, à la télévision et à la radio on en parle sans gêne, et aujourd'hui dans les sociétés dites modernes, on enseigne le sexe et comment le pratiquer aux enfants à partir de 4 ans…..rien n'est plus tabou, aucune réserve à ce sujet n'est tolérée.

Romains 1.24-26, « ***C'est pourquoi Dieu les a livrés à l'impureté***, selon les convoitises de leurs cœurs ; en sorte qu'ils déshonorent eux-mêmes leurs propres corps ; eux qui ont changé la vérité de Dieu en mensonge, et qui ont adoré et servi la créature au lieu du créateur, qui est béni éternellement ; c'est pourquoi Dieu les a livrés à des passions infâmes.

Leurs femmes ont changé l'usage naturel en celui qui est contre nature et de même les hommes, abandonnant l'usage naturel de la femme, se sont enflammés dans leurs désirs les uns pour les autres, commettant homme avec homme des choses infâmes, et recevant eux-mêmes le salaire que méritait leur égarement ».

Toute sexualité pratiquée en dehors du mariage devient un grand véhicule de transport en commun des démons et si pendant les rapports sexuels, les bactéries peuvent quitter le partenaire A vers le partenaire B et vice-versa, cela n'en est pas moins des démons.

La seule différence est que les préservatifs qui bloquent le passage des bactéries ne peuvent rien contre le transfert des démons.

Une possession démoniaque n'est pas forcement affichée sur le visage. Un homme ou une femme peut être très belle de figure et avoir un bon comportement, une belle peau et une stature svelte, alors qu'elle est habitée par des démons et remplit des esprits méchants, s'accoupler à une telle personne vous n'aurez que des tourments toute la vie.

*Paul dans ses lettres nous confirme que **23.000 hommes périrent en un jour à cause de la fornication*** (1 Cor. 10 :8). *Quand Israël quitta l'Egypte et voyagea pour la terre promise, le plus grand nombre de ceux qui périrent dans le désert le furent à cause de l'immoralité sexuelle,* cela représente le plus grand désastre que l'humanité n'ait jamais connue, avec ce péché de fornication le diable tente plusieurs, faites attention à votre vie et particulièrement à votre sexe.

Samson, la force de tout Israël, l'espoir de tout un peuple, tomba suite à l'immoralité sexuelle, il fut réduit en un vulgaire jouet, lui qui était un don de Dieu pour son peuple, mais deviendra une malédiction sur la terre juste à cause de l'immoralité sexuelle. L'immoralité sexuelle est une arme puissante utilisée par le diable aujourd'hui.

SECTION 7. LA PROMISCUITE SEXUELLE

Fermer cette porte.

Une autre avenue empruntée par le diable pour vous attaquer c'est le sexe. Si vous êtes un dépravé sexuel, vous ne distinguerez pas quand vous avez les rapports sexuels avec les êtres humains ordinaires et les esprits malins, une fois coucher avec eux, vous êtes initié.

Entretenir des rapports sexuels dans les rêves constitue aussi une manipulation démoniaque et une infestation maléfique de très haut niveau car cela ne rentre pas dans le plan de Dieu pour l'homme et la femme.

Les rapports sexuels dans des rêves peuvent avoir plusieurs explications : il se peut que vous ayez contacté un mariage avec un esprit masculin ou féminin, et toute fois que vous avez des rapports sexuels dans les rêves et que cela vous procure une certaine satisfaction ; qu'en vous réveillant, vous vous trouvez mouillé, ou ne portant plus de sous-vêtements, ou complètement déshabiller, et que vous vous retrouvez par terre, ou sur un autre lit et dans d'autres lieux, cela suffise pour persévérer dans la prière et être vigilant.

Quelques conséquences que la personne possédée par les esprits nocturnes pourrait tôt ou tard manifester dans la vie :

- difficultés de garder un partenaire pour la vie pendant longtemps ;

- concrétiser le projet de mariage selon le plan de Dieu ;

- difficultés de faire des enfants et de concevoir ;

- perte de désir sexuel avec son propre conjoint ;

- aura toujours tendances à vivre dans l'infidélité et dans l'adultère ;

-insatiable sexuellement ;

- faiblesse sexuelle manifestée chez l'homme toute fois qu'il voudrait rencontrer sa femme ;

- l'impuissance sexuelle ;

- éjaculation précoce et la frigidité chez la femme ;

- et autres...

Ces envoyés du diable feront tout pour récupérer votre semence et l'utiliser contre vous. Les relations sexuelles nocturnes avec des esprits méchants peuvent aussi être dues à l'attaque des démons contre les chrétiens, le diable utilise ce moyen pour les affaiblir et les soumettre aux désirs de la chair.

Pour vaincre ces anges déchus, vous devez prendre assez de temps dans la prière et le jeune, vous devez vivre dans la sanctification, sinon votre avenir est hypothéqué prenez la prière au sérieux. Fermez toutes les portes d'entrées.

SECTION 8. LES INCISIONS ET AUTRES DESSEINS SUR LE CORPS

Fermer cette porte.

L'une des portes d'entrée de l'activité du diable dans la vie des hommes est constituée par les incisions que les guérisseurs, féticheurs, les magiciens pratiquent, et les tatouages significatifs sur le corps des personnes qui les consultent, certaines incisions sur le corps sont faites pour obtenir la protection, les faveurs, la guérison, le succès, le pouvoir, et surtout si votre propre sang a coulé, même égratignures sur le corps annonce le contact…demandez-vous quel esprit est derrière ?

L'incision maléfique est une alliance, un accord passé entre un individu ou un groupe de personnes d'un côté, et une divinité ou un démon de l'autre scellé avec le sang des intéressés ou le sang d'un animal.

Pour cette raison, chaque fois qu'un être humain reçoit des incisions sur son corps ou qu'un animal est sacrifié à l'occasion de rituels cela conduit à sceller par le sang qui représente la vie de l'intéressé.

Lors de l'incision trois choses se passent :

    a. Une alliance de sang est établie ;
    b. Une autre vie et vision éloignée de Dieu se crée ;

    c. Des incantations sont faites avant, pendant et après, les incantations sont des mots, phrases, formules codées destinées à produire certains effets à tout moment. Ces mots codés que le patient ne comprend généralement pas, mais les accepte sont des malédictions directes provenant du monde de ténèbres,

    d. Une subsistance est soit avalée, soit appliquée sur le corps et qui à travers la scarification constitue un point de contact.

SECTION 9. LES AUTRES PRATIQUES SEXUELLES EXTREMES

Fermer cette porte.

La sexualité est un sujet qui est parfois tabou et qui le demeure encore dans certaines régions. Et pourtant Dieu a créé la sexualité et c'est quelque chose de bon et de très utile dans le cadre du mariage entre un homme et une femme.

La Bible nous montre clairement que l'impudicité, les relations sexuelles en dehors du mariage ne font pas partie de la culture du royaume de Dieu. Voici quelques pratiques sexuelles que Dieu n'approuve pas.

- **la sodomie** : lévitique 18 :22 « la bible est claire là-dessus « tu ne coucheras point avec un homme comme on couche avec une femme. C'est une abomination ». Les hommes de Sodome d'où vient le mot Sodomie vivaient dans une débauche extrême et faisant tout ce qui déplaisait à Dieu.

Avec la modernisation et la mondialisation des cultures certaines personnes, certains peuples trouvent cette pratique normale et acceptable, et l'on adoptée comme mode de vie, et l'on consacrée dans leur usage et non seulement leur constitution l'approuve et on force les autres en accepter.

Aujourd'hui, certaines églises l'enseignent et bénissent les mariages et voir même certains hommes de Dieu pratiquent cette abomination.

Alors que dans ce verset Dieu la condamne. Nous savons quelle a été la fin des habitants de Sodome. Dieu n'a pas puni une personne, ou une famille, mais il a consumé toute une nation, tout un peuple à cause de la sodomie.

- **la zoophilie** : lévitique 18 :23 «tu ne coucheras point avec une bête, pour te souiller avec elle. La femme ne s'approchera point d'une bête, pour se prostituer à elle. C'est une confusion. » La zoophilie est un trouble de comportement sexuel dans lequel les animaux sont l'objet du désir. Cette pratique fait l'actualité aujourd'hui dans le monde moderne, dans les cinémas et dans les clubs privés, bien que l'Eternel n'approuve pas cela, et ses conséquences ne sont pas négligeables.

- **Homosexualité : Lévitique** 20.13 « si un homme couche avec un homme comme on couche avec une femme, ils ont fait tous deux une chose abominable ; ils seront punis de mort : leur sang retombera sur eux »

L'homosexualité étant définie comme la perversion du siècle, elle touche toutes les couches de la société, du nord au sud, de l'Est à l'Ouest, hier condamnée aujourd'hui applaudi comme de nouvelles expériences et Dieu n'approuve pas cette pratique.

- l'inceste : lévitique 20.17 « si un homme prend sa sœur, fille de son père ou fille de sa mère, s'il voit sa nudité et qu'elle voie la sienne, c'est une infamie, ils seront retranché sous les yeux des enfants de leur peuple ».

- **les relations sexuelles à plusieurs partenaires :** les relations sexuelles avec plusieurs partenaires ne sont pas approuvées par Dieu, par contre, chaque chrétien doit jouir de l'intimité avec son mari ou sa femme selon la liberté qu'ils ont dans leur conscience.

Raison pour laquelle Paul dans 1 Corinthiens 7 :2-3, affirme : « Toutefois, pour éviter l'impudicité, que chacun ait sa femme, et que chaque femme ait son mari. Que le mari rende à sa femme ce qu'il lui doit, et que la femme agisse de même envers son mari. » Nulle part dans la bible, l'allusion n'est faite aux relations intimes à plusieurs car cela constitue une abomination.

Et dans 1 Timothée 5.14 il est dit : « Je veux que les jeunes se marient, qu'elles aient des enfants, qu'elles dirigent leur maison, qu'elles ne donnent à l'adversaire aucune occasion de médire ».

- **la pratique du sexe anal :** La nature nous enseigne que le corps humain n'a pas été fait pour accommoder le sexe anal. Le tissu vaginal possède des lubrifiants naturels qui facilitent l'acte sexuel. L'anus, par contre, est un orifice de sortie. Il n'est pas fait pour les pratiques sexuelles. Les tissus rectaux sont plus délicats et donc plus vulnérables à la déchirure et à l'abrasion que le tissu vaginal.

Les traumatismes répétés, le frottement et l'étirement ont pour conséquence de faire perdre à ce sphincter de son tonus et sa capacité à maintenir une bonne étanchéité.

La pratique prolongée du sexe anal conduit à la fuite de matières fécales qui peut facilement devenir chronique. Il faut signaler des graves risques médicaux associés à la pratique du sexe anal, y compris un risque très élevé d'infections bactériennes et virales du vagin, du pénis, du rectum et de l'anus Ce n'est donc pas une pratique sans conséquences.

-la pratique du sexe oral : pour cette pratique, en parcourant la bible, nous ne trouvons aucun verset biblique qui en parle spécifiquement comme on le constate pour la sodomie, la zoophilie… qui sont des pratiques clairement condamnées dans la bible. Néanmoins Romains 14 :23 l'apôtre Paul précise un principe simple «*Tout ce qui n'est pas le fruit d'une conviction est un péché* ». Chacun doit écouter ce que le seigneur met dans son cœur, respecter les convictions de l'un ou de l'autre.

Il n'y a aucune instruction précise dans la bible pour ce qui concerne les autres pratiques. La Bible ne dit rien au sujet des positions et des périodes et ne nous renseigne pas non plus sur le lieu dans lequel doit se passer l'acte conjugal. Elle ne dit pas non plus que les relations intimes doivent toujours se passer dans la chambre conjugale !

En notre bon sens, cela peut se faire n'importe où, à condition de respecter une certaine intimité et éviter de s'exhiber et d'exposer les enfants et autres regards curieux.

Faites également attentions aux motivations impures de votre cœur, beaucoup arrivent dans le mariage, malheureusement pollués par des images pornographiques vues dans les films et certains magazines, par des idées erronées et préconçues et veulent absolument reproduire ce qu'ils ont vu, entendu ailleurs avec leur partenaire, faites attention, aucun modèle parfait, aucune référence n'existe en cette matière.

De manière générale, pour tout ce que vous faites dans vos moments d'intimité sexuelle, faites-le dans l'amour et le respect mutuel, avec pour objectif faire du bien à l'autre en priorité.

Quelles sont alors les limites à la vie sexuelle d'un couple marié ? La bible est claire là-dessus : que le mariage soit honoré de tous et le lit conjugal épargné par la souillure : ceux qui se livrent à l'immoralité sexuelle et à l'adultère, Dieu le jugera. Hébreux 13.4, la bible ne met aucune limite à la vie sexuelle des couples mariés. Plutôt, elle recommande ceci aux conjoints : « Ne vous refusez pas l'un à l'autre, à moins d'un commun accord. »

Ce verset résume l'essentiel de la vie sexuelle dans le couple où tout doit se faire d'un commun accord. Personne ne doit être encouragé ou forcé à faire quelque chose qui le mette mal à l'aise, ou qu'il estime être malsain.

Il est donc conseillé de n'accepter de vivre que ce qui vous convient, en respectant tout autant le désir du conjoint. Et l'Eternel renchérit : *vous observerez toutes mes lois et toutes mes ordonnances, et vous les mettrez en pratique, afin que le pays où je vous mène pour vous y établir ne vous vomisse point. Vous ne suivrez point les usages des nations que je vais chasser devant vous ; car elles ont fait toutes ces choses, et je les en abomination.* **Lev.20 :21-22**

En revanche, en psychiatrie, d'autres pratiques sexuelles sont considérées comme de déviations ou de comportements criminels et méritent l'attention du médecin ou du policier.

-Un mariage heureux.

Dans un mariage heureux, épanoui et qui honore Dieu, vous ne trouverez jamais deux personnes parfaites.

Mais, vous trouverez deux personnes imparfaites et de fois même incompatibles, mais qui cherchent à obéir aux instructions de Dieu, unies pour une seule espérance, un seul désir, une seule discipline, le même service, serviteurs d'un même maitre, rien ne les sépare, ni dans l'esprit ni dans la chair, au contraire ils sont vraiment deux en une seule chair.

Dans le mariage épanoui, l'amour conjugal ou la relation conjugale est fonction de trois (3) éléments qui sont : homme, femme et Dieu, la réussite, l'épanouissement, le succès de ce couple épanoui est lié à l'harmonie et à la conjugaison de ces trois éléments.

La condition préalable et cruciale pour qu'un mariage soit heureux, c'est que les deux conjoints soient au centre de la volonté de Dieu. Que leur relation avec Dieu soit correcte, qu'ils comprennent le dessein de Dieu dans le mariage et qu'ils s'engagent à accomplir ce dessein.

Le mariage chrétien n'est pas seulement ce contrat signé devant l'officier de l'Etat Civil, mais avant tout, il est l'œuvre du troisième élément DIEU, qui en est l'auteur et le metteur en scène, car il suscite l'amour véritable dans les cœurs des conjoints et leur donne la subsistance de l'amour parfait qu'il incarne. (Lire 1corint.7 :2-5).

SECTION 10. ATTENTION A L'ADDICTION DE LA PORNOGRAPHIE

Fermer cette porte.

Certains chrétiens pensent qu'on peut jouir du sexe comme bon nous semble, car de toutes les façons c'est juste du physique, ce n'est qu'un jeu d'un petit moment, un plaisir passager qu'on ne devrait pas dramatiser. Mais se sont-ils jamais demandé pourquoi une agression sexuelle laisse toujours plus des séquelles qu'une agression simple de la rue ?

Pourquoi la victime du viol sexuel même après les années, après la délivrance et plusieurs thérapies ressente toujours de la répugnance, du rejet, dans le désarroi et dans la solitude, c'est parce que la sexualité dépasse la sphère du simple physique, elle dépasse l'intelligence humaine, elle affecte l'émotionnel et le rationnel, le physique et aussi et surtout le spirituel.

C'est ainsi que Dieu l'a créée. Une sexualité déréglée comme la pornographie, la zoophilie, l'homosexualité ... entraineront toujours des dégâts inimaginables et quelques fois irréparables.

-a.la pornographie est une drogue : elle crée une dépendance semblable à celle des drogues dures (cocaïne, héroïne...), lorsqu'un individu mange ou réussit dans une activité, il éprouve une certaine satisfaction, il la ressent à cause de la dopamine qui est libérée dans le cerveau via un ensemble de neurones appelés circuit de récompense, chaque personne possède un seuil.

Ainsi, la pornographie à cause de ses sensations euphoriques et endiablées, déclenche une production surélevée de dopamine, ce qui rehausse sensiblement le seuil de récompense. Et comme aucune autre activité ne peut lui procurer une si forte sensation que le sexe, le consommateur du porno va y retourner.

Car cela est son seul moyen d'atteindre à nouveau son seuil de récompense. Au début cela peut sembler ludique, mais vers la fin, cette addiction finira par ruiner toute une vie.

-b.la pornographie comme l'addiction de sexe, crée la honte et la culpabilité *:* le consommateur *du porno éprouve toujours une insatisfaction* qu'il essaie de combler une fois avec la pseudo-extase des scènes visionnées, et après il se sent sale, honteux et confus. Et généralement Il partage un sentiment de honte mélangé à la culpabilité.

-c.la pornographie affecte le relationnel : le porno dépendant aura tendance à s'isoler pour s'adonner à son plaisir solitaire, il réduira ses relations à des cibles potentiels pouvant satisfaire ses désirs charnels, s'il est marié, il peut devenir un danger pour la famille, pour ses amis, et le reste du monde et le jour où il en manquera il fera des folies et deviendra malade.

-**d.** *la pornographie favorise les troubles de personnalité :* plusieurs personnes s'engouffrent dans le porno parce qu'ils souffrent de troubles affectifs, d'autres ont recours à cause de leur inaptitude à gérer les périodes de stress ou d'instabilité.

Ainsi le porno suivi de la masturbation deviennent comme une sorte d'exutoire analgésique permettant de se relaxer et de fuir les réalités et difficultés de la vie. C'est plutôt ces troubles de comportement qui ont conduit les hommes et les femmes à la zoophilie, à la pédophilie, aux viols et aux autres actes horribles que nous reprochons aujourd'hui.

-**e.** *la pornographie nuit sur le plan spirituel* : bien aimé, chaque fois qu'un chrétien consulte les sites pornos, ce qui se passe dépasse malheureusement le cadre du simple visionnage. En effet, lorsqu'il regarde cette pin-up over maquillée présentée dans la scène porno, il entretient implicitement des relations sexuelles avec elle par la pensée. Jésus expliqua ceci : « *Mais moi, je vous dis que quiconque regarde une femme pour la convoiter a déjà commis un adultère avec elle dans son cœur* » *(Matt. 5.27-28).*

Les quelques conséquences de la pornographie sur la santé sexuelle :

-Absence de la libido avec les vraies femmes

-dysfonction érectile ;

-baisse de la sensibilité locale ;

-Difficulté à atteindre l'orgasme ;

-la dépression ;

-la désocialisation.

Le chrétien qui s'amuse encore à jouer avec les films porno doit impérativement se repentir, car les conséquences sont nombreuses et nous pouvons en citer quelques-unes :

-il finira par concevoir une vision distordue de la sexualité, qui n'a rien avoir avec la vision de Dieu ;

-il finira par rendre la vie addictive au porno,

-la communion avec Dieu est interrompue,

-il deviendra de nouveau esclave d'un joug dont Christ avait déjà délivré... Bien aimé, Jésus est un puissant libérateur, capable de te délivrer de n'importe quelle situation addictive.

SECTION 11. NE SOIT PAS UN CHRETIEN IRRESOLU

Dans Jacques 2 :10-11, il est écrit : « Car quiconque observe toute la loi, mais pèche contre un seul commandement, devient coupable de tous. En effet, celui qui a dit : tu ne commettras point d'adultère, a dit aussi : tu ne tueras point. Or, si tu ne commets point d'adultère, mais que tu commettes un meurtre, tu deviens transgresseur de la loi ».

Cela revient à dire que si vous avez quitté l'adultère et vous vous êtes accroché à l'idolâtrie, vous n'avez rien fait. Si vous avez abandonné la fornication et n'avez pas laissé tomber le détournement des deniers publics, vous n'avez rien fait non plus. Si vous continuez à avoir des relations sexuelles coupables en dehors du cadre exigé par Dieu, même si vous vous tenez devant la chaire prêchant la bonne nouvelle, vous n'avez rien fait.

La bible dit dans Jacques 1 :7-8 « qu'un tel homme ne s'imagine pas qu'il recevra quelque chose du seigneur. C'est un homme irrésolu, inconstant dans toutes ses voies ».

Un tel chrétien demeurera de l'autre côté dans la pénurie et la précarité, il continuera à pleurniché à chaque occasion, à condamner Dieu et les autres, Il priera et Dieu ne l'écoutera pas, parce qu'il est inconstant. Son cœur est dans la poche, il est partagé.

J'ai vu plusieurs personnes avec de fétiches, des magies, des pentacles magiques, des bagues et des chainettes envoutées par la magie, des talismans pour se protéger, faire des accidents mortels avec leur voiture.

Mais où était le gri-gri quand la voiture faisait tonneau ? Où était leur magie, et les pentacles magiques quand la maison prenait feu ? Toutes ces choses abominables n'empêcheront jamais la réalisation de l'accident encore moins de l'incendie, au contraire ils le provoquent aisément. En fait, ces fétiches sont à la base de l'accident et ne protègent jamais.

Le juste est protégé par le ciel, car c'est sur lui qu'il compte et se fie jour et nuit, il n'a pas des choix à faire ni deux voix à suivre, il ne tergiverse pas, car il vit dans la vérité, il sait où il va et il est déjà dans le vrai chemin qui est Jésus christ.

Avoir la foi signifie prendre Dieu à son propre mot, car nous dépendons de Dieu et de ses promesses, même si nos sentiments nous disent le contraire, même si les conditions physiques et matérielles nous opposent, la foi restera cette ferme assurance des choses qu'on espère, une démonstration de celles qu'on ne voit pas.

CHAPITRE 5. LE COMBAT DE LA FOI

La qualité de votre vie dépend entièrement de votre foi en Dieu.

La lutte dans laquelle vous êtes impliqué n'est pas physique. Ce n'est pas une lutte visant un ennemi physique, un oncle, une tante, un sorcier, un parent, un enfant, une sœur, un frère ou un collègue. Vous n'avez pas à mener cette bataille par la chair ou par la force physique. Elle est combattue avec les armes spirituelles. **(2 Corinth 10.3-5).**

Lorsqu'on né de nouveau, on reçoit de Jésus Christ le **pouvoir** et le **devoir** de réprimander Satan et ses légions de démons qui exécutent les ordres, cherchant à détruire les témoignages des enfants de Dieu. La bible dit dans Ephésiens 5, verset 11 : « et ne prenez point part aux œuvres infructueuses des ténèbres, mais plutôt condamnez-les » si donc nous pouvons condamner des œuvres des ténèbres, c'est que nous pouvons aussi combattre et condamner le commanditaire de ces œuvres.

La bible nous prescrit aussi dans 1 Pierre 5, verset 8, de résister au diable. Qu'il s'agisse de condamner ses œuvres ou de lui résister, nous allons devoir combattre le diable avec la parole de Dieu enfouie dans notre for intérieur.

Le combat de la foi se mène avec la parole de Dieu enracinée dans le cœur et dans l'âme. Jésus a vaincu le diable à la montagne avec et à cause de cette parole : **il est écrit, il est écrit, il est écrit**. Nous devons, à chaque occasion et en toute circonstance, rappeler à Satan ce que Dieu dit de nous dans sa parole, nous devons lui rappeler ce qui est enfoui dans notre for intérieur comme parole de Dieu, celle-ci doit être enracinée en nous.

En le faisant, nous paralysons les initiatives du diable, nous neutralisons ses armées, nous réduisons et détruisons ses actions et ses intrusions, nous semons la confusion et la terreur dans son camp et l'affaiblissons davantage, et il devient inefficace et impuissant dans le combat.

2 Corinthiens 10 :3-5 vous exhorte en ces termes : *Si nous marchons dans la chair, nous ne combattons pas selon la chair, car les armes avec lesquelles nous combattons ne sont pas charnelles ; mais elles sont puissantes, par la vertu de Dieu pour renverser des forteresses. Nous renversons les raisonnements et toute hauteur qui s'élève contre la connaissance de Dieu, et nous amenons toute pensée captive à l'obéissance de Christ.*

Afin d'intégrer la conscience à vos attentes, vous devrez écarter les doutes, la peur, la méfiance et les suppositions contraires. Croire ou avoir la foi ne signifie pas que vous ne douterez plus jamais dans la vie, car la conviction de soi est une suite de nombreuses étapes, cela sous-entend que le doute s'estompera peu à peu aussi longtemps que la foi va grandir.

Avoir la foi signifie prendre Dieu à son propre mot.

Car nous dépendons de Dieu et de ses promesses, même si nos sentiments nous disent le contraire, même si les conditions physiques et matérielles nous opposent, car la foi est une ferme assurance des choses qu'on espère, une démonstration de celles qu'on ne voit pas. Heb.11.1

SECTION 1. LA FOI

La foi, c'est l'une des choses qui est indispensable dans le christianisme, dans un autre sens, le christianisme serait appelé LA FOI. Vous ne pouvez pas obtenir quelque chose dans le christianisme sans posséder la foi. Car par la grâce vous êtes sauvés à travers la foi.

Dans la parole de Dieu, la foi n'est pas une simple opinion ou une croyance modérée, mais une ferme conviction qui s'appuie sur ce que Dieu dit et a dit sur Jésus-Christ, sur les choses invisibles et spirituelles.

Dieu nous a donné la capacité d'exercer notre foi pour trouver la paix, l'amour, la joie et avoir un but dans la vie. La foi n'est pas une illusion, ni de la magie, elle est une force ancrée dans les principes éternels.

Pour l'apôtre Timothée, la foi reste cette énergie intérieure du croyant nourrie par la parole de Dieu et dirigé par l'esprit Saint. (1timothée 4 :12). *La foi est la base sur laquelle l'homme est en rapport avec Dieu, sans laquelle il n'est rien devant Dieu.* L'homme doit vivre par la foi, pour justifier sa nature divine. Dieu lui-même est un Dieu de foi et pour toute personne qui doit vivre à la hauteur de son espérance, elle doit vivre par la foi. Dans le combat chrétien, votre foi est en conflit direct et perpétuel avec le diable.

L'ennemi sait que vous êtes ce que votre foi est.

La qualité de votre vie dépend entièrement de votre foi en Dieu. La victoire sera celle de la foi dans le Christ Jésus, les fatigues et quelques fois les illusions du chemin auront été le moyen de connaitre et de s'approcher de la victoire finale.

Dans Hébreux 11 :6, il est dit : Or sans la foi, il est impossible de lui être agréable ; celui qui s'approche de Dieu doit **croire** qu'il existe et il récompense ceux qui le cherchent, si vous cherchez Dieu de tout votre cœur, il vous récompensera. C'est garanti ! Ceux qui s'approchent de Dieu dans la vérité obtiendront : la lumière, la gloire, la santé, la justification, la direction permanente de leur vie, et la réponse à toutes leurs prières.

Vous n'obtiendrez jamais la victoire qui est plus grand que votre foi.

Jésus dit à Simon Pierre que le diable préméditait contre lui, mais il avait prié pour que la foi de Simon Pierre ne chute. C'est ce que l'ennemi planifie. Il veut que votre foi échoue, trébuche, penche, tremble et c'est alors qu'il va vous vaincre.

Il vous veut vaincu à tout prix. Votre foi est la cible principale de Satan, parce que c'est ce que vous utilisez pour lui résister, c'est le seul rempart et bouclier entre vos mains capable d'évincer le diable.

C'est votre foi qui vous mettra au-dessus de toutes les tentatives du diable, toutes les difficultés de la vie et de votre génération, c'est votre foi en Jésus Christ qui vous distinguera dans votre génération, c'est votre foi qui créera votre différence dans la vie.

Aucun homme ne reçoit rien de Dieu sans la foi.

Les gens que Jésus a guéris dans les écritures ont reçu leurs guérisons sur base de leur ***foi personnelle***. Ce n'était pas la foi de Jésus qui les a guéris, mais leur propre foi. (Matt.9 :22). Aucun homme ne reçoit rien de Dieu sans la foi. Il est indispensable de savoir que Dieu délivre nos bénédictions selon notre foi. *Elle est la force spirituelle pour mouler le destin de l'homme, puisque la bataille de la vie est essentiellement celle de la foi.*

La foi demeure cette force en nous, qui permet d'avoir quelque chose sans le soutien de la raison, de la logique et du sens. Avoir la foi, c'est nourrir la grande conviction que la vie se déroule selon un plan qui existe bien avant la naissance. Un chrétien qui a la foi, sait que son savoir est vérité, même lorsque le monde ou le doute lui affirme le contraire.

SECTION 2 : LA BATAILLE DE LA VIE OU LE COMBAT DE LA FOI

« *Jésus n'a pas prié pour que Pierre ne soit pas tenté, Il a prié pour que la foi de Pierre ne défaille point* » Aucun sorcier, aucun membre de ta famille, aucun démon ou enchanteur, aucune raison physiologique sous le soleil, ou le verdict médical du plus grand médecin ne peut résister à l'autorité de votre foi.

Voilà pourquoi le diable s'en prend toujours et souvent à votre foi à chaque fois qu'il veut vous détruire, anéantir votre destinée et voler ce qui est à vous, il sait que c'est l'unique garantie que vous avez pour accéder à votre héritage.

L'ennemi est constamment en guerre contre vous pour affaiblir et anéantir votre foi. Si vous ignorez cela, vous serez vaincu et pour toujours

Votre foi est la forteresse qui garde le diable hors de votre territoire, si vous vivez dans la foi ferme, le diable sait qu'il est dans la zone rouge. Jésus dit à Simon Pierre que le diable préméditait contre lui, mais il avait prié pour que la foi de Pierre ne chute pas. C'est ce que l'ennemi planifie pour vous à chaque instant. Il veut que votre foi échoue, chancèle à tout prix.

Luc 22 :31-32 dit « *le seigneur dit : Simon, Simon, Satan vous a réclamés, pour vous cribler comme le froment. Mais j'ai prié pour toi, afin que ta foi ne défaille point ; et toi, quand tu seras converti, affermis tes frères* ».

Jésus n'a pas prié pour que Pierre ne soit pas tenté, il n'a pas prié non plus pour que le diable ne combatte pas Pierre, il savait qu'il est normal d'être tenté et combattu par le diable, c'est son activité principale.

S'il ne tente pas les chrétiens qui d'autre le ferait à sa place. Il a prié pour que la foi de Pierre ne chute pas. Il vous montre à quel point votre foi est importante et indispensable dans ce combat.

1 Pierre 5 :9 dit *: Résistez-lui avec foi ferme, sachant que les mêmes souffrances sont imposées à vos frères dans le monde*. Vous voyez combien votre foi est combattue, le diable ne peut pas vous anéantir s'il ne détruit pas d'abord votre foi.

Quand le diable vient avec ses problèmes, ses maladies, ses envoutements, ses échecs, il est de votre devoir de réprimer ses assauts avec le bouclier de la foi. Aucune victoire, ne peut être remportée et soutenue sans passer par la foi.

Ce n'est pas celle de votre pasteur, celle de votre mère, celle de votre père ou quelqu'un d'autre c'est votre propre foi dans la victoire du Christ qui fait la différence.

La foi sincère vous mettra au-dessus de toutes les difficultés de la vie, il n'y a pas de compromis à ce sujet. Combien de fois Jésus fait mention de la foi qui sauve dans les séances de guérisons. Pour remporter la victoire, les chrétiens doivent modifier leur attitude en passant de la résignation à la résistance. Si vous ne résistez pas, il vous sera impossible d'avoir raison dans le combat de la foi. Des nombreux chrétiens s'imaginent aujourd'hui que la passivité est la foi, ils ont tout remis entre les mains de Dieu.

Cette façon de voir parait juste, est-ce cela de la foi ? Pas du tout, Ce n'est que de la   paresse. L'âme qui souffre fait, à son insu, des progrès immenses, elle mûrit. Dieu l'ordonne ainsi pour que nous fassions l'expérience de ce qu'il est.

SECTION 3. IL VOUS SERA FAIT SELON VOTRE FOI

Ce que vous recevez c'est ce que vous croyez

La foi en Dieu étant la clé de toute réussite, de tout bonheur, le **disciple *Thomas*** n'avait qu'une foi naturelle, une foi purement humaine à tel enseigne que sa foi lui faisait dire « *je ne croirai pas tant que je n'aurai pas vu ni senti* » *alors que* **l'ancêtre Abraham** quant à lui, croyait dans la parole de Dieu sans avoir vu et sans tenir compte de son propre corps ni de son propre intelligence, encore moins de son entourage.

Il ne mettait pas sa foi dans ce qu'il voyait et même pas dans ce qu'il pouvait ressentir, voir ni toucher, son attention se portait uniquement sur la parole et la promesse de Dieu tout puissant.

Il est fou de croire que Dieu va faire quelque chose en votre faveur si vous n'agissez pas selon sa parole. Ce que vous recevez c'est ce que vous croyez, bien aimé, alors vous avez le temps d'orienter vos pensées vers Dieu en toute circonstance, l'auteur de toute chose y compris votre vie. Beaucoup de gens tombent, basculent parce qu'ils se voient tomber, aussi parce qu'ils se préparent à tomber.

Si vous voyez un enfant de Dieu, un fervent chrétien tomber et prendre plaisir à tomber dans les péchés, soyez en sûr qu'il y a longtemps qu'il a commencé à glisser. Plutôt, concentrez votre attention sur ce que Dieu a fait pour vous et sur ce qu'il est entrain de faire parce qu'il est le créateur de notre foi. Ses paroles sont *vie* pour qui les accueille et la santé pour tout son être.

Beaucoup connaissent l'échec et des blessures dans la vie parce qu'ils ne se voient pas exhaussés, ils voient leur situation s'empirer chaque jour, ils regardent le mauvais côté des choses ainsi, ils marchent dans l'incrédulité et détruisent par la suite les effets de leur propre prière.

Portez plutôt toute votre attention sur la réponse, affirmez avec constance même si vous devez vous referez à l'évidence contraire, que Dieu a entendu votre prière parce que sa parole le dit.

Et Marc 11.24 l'affirme en ces termes « *C'est pourquoi je vous dis : tous ce que vous demanderez en priant, croyez que vous l'avez reçu, et vous le verrez s'accomplir* » *vous devez croire avant de recevoir tel est le principe de la foi.* Cela va vous paraitre fou et surtout irrationnel mais c'est la voie obligée.

A ce sujet nous partageons le point de vue du Pasteur Buddy Owens « Dieu est là, sa puissance aussi est là, je ne fonde pas ma foi sur ce que je sens, ou ce que je vois, encore moins sur ce que je connais, je la fonde sur ce qu'il a dit ». Alléluia.

Dieu nous a donné sa parole pour recadrer et redresser nos pensées afin que nous croyions de façon irréfutable et correcte. Si nos pensées et notre foi sont justes alors nos paroles et nos actes le seront aussi. Le diable ne peut pas être un vainqueur, Jésus l'a déjà vaincu pour nous, ce n'est pas Satan qui nous fait échouer, c'est nous-même, ou bien si c'est Satan en arrive là, c'est que nous lui avons permis, donc vous avez consenti par ignorance, par erreur ou par inattention.

La foi véritable est construite sur la parole éternelle, méditez-là jour et nuit, creusez-là profondément et nourrissez-vous-en, et elle doit faire partie intégrante de votre vie.

SECTION 4. LA REPENTANCE

La repentance pure est le changement de pensée qui implique absolument la soumission totale et sans condition à Dieu. Elle est la consécration totale et un engagement assidu à ne faire que la volonté de Dieu. La repentance sincère conduit les gens à leur bon sens. Etant dans leur bon sens, ils fuient le piège du diable dont ils étaient captifs.

Le diable tient les pensées des hommes en captivité. Cependant, la puissance du diable sur les pensées des hommes ne peut rien contre le seigneur Jésus qui est la lumière du monde.

Nous ne repentons pas pour gagner le pardon de Dieu, nous nous repentons en réponse au pardon qu'il nous a accordé, alors que nous étions encore des pécheurs, il n'a pas attendu que nous vivons correctement, Christ est mort alors que nous étions désespérément perdus, nous étions programmés à la mort, alors Christ est mort à notre place bien avant le temps.

- *c'est quoi la repentance ?*

La repentance, selon le Pasteur Buddy Owens : « n'est pas une simple excuse accompagnée de la promesse de mieux se comporter la prochaine fois, elle est plutôt un changement radical et total de style de vie, elle est une détermination de changer notre façon de vivre, de changer d'attitudes, de s'arrêter, de se détourner et de décider d'aller dans une autre direction, ainsi, elle fait partie de la transformation de notre personne opérée par Dieu lui-même ».

Donc, la vraie repentance est une opération divine que Dieu opère lui-même en nous, car il est écrit « sans moi vous ne pouvez rien »

DEREK PRINCE dans son livre intitulé : les Règles du Combat précise ceci, « pour illustrer la véritable repentance, nous pouvons prendre l'exemple d'un véhicule qui fait demi-tour. Vous reconnaissez que vous n'avez pas vécu de la bonne manière. Vous vous arrêtez et vous faites demi-tour. Après cela vous repartez dans la direction opposée. Si vous ne partez pas dans la direction opposée, vous ne vous êtes pas vraiment repenti. »

Dans ces conditions, la vraie repentance cesse d'être un acte occasionnel lié au désespoir et devient une expression continuelle et permanente d'amour et de reconnaissance envers Dieu.

Ainsi, *la vraie repentance est impossible sans la puissance du Saint Esprit, car il est écrit sans moi vous ne pouvez rien* (Jean15.5). Et quand nous sommes animés et conduits par son Esprit, nous pouvons affirmer avec l'Apôtre Paul : je peux tout faire par celui qui me fortifie, et vivre de manière puissante et responsable devient possible pour nous qui nous nous abandonnons à Dieu.

Matthew Henry s'exclame en ces termes : « *Ce que Dieu demande de nous, il l'opère lui-même en nous, sinon rien ne se fait, lui qui commande la foi, la sainteté et l'amour, il les crée par la puissance de sa grâce conformément à sa parole, et il en reçoit toute louange. Seigneur donne ce que tu ordonnes et ordonne ce qui te satisfait* ».

En dépit de toute l'œuvre de Satan qui aveugle les cœurs des hommes, le Saint-Esprit est capable de pénétrer la pensée ténébreuse et d'appeler les hommes à la repentance. Le pécheur, de lui-même, ne peut pas se repentir sans l'aide du Saint-Esprit. Ainsi cette force intérieure qui nous possède pour changer de mode de vie et se repentir ne peut venir que de Dieu lui-même, qui opère tout en tous.

La bible dit à ce sujet : Dieu a donc accordé la repentance aussi aux païens, afin qu'ils aient la vie » (Actes 11 :18). Dans l'espérance que Dieu leur donnera la repentance pour arriver à la connaissance de la vérité, et que, revenus à leur bon sens, ils se dégagent des pièges du diable qui s'est emparé d'eux pour les soumettre à sa volonté « (Timothée 2 :25-26)

Celui dont la pensée est transformée aime Dieu et le désire ardemment

Quand Dieu accorde la repentance d'une vie, il y a un changement de pensées, un changement de pensées envers Dieu, un changement de pensées envers le diable, un changement de pensées envers le monde, un changement de pensées envers l'Eglise... celui dont la pensée est transformée aime Dieu et le désire ardemment. *La vraie repentance vous conduira à la connaissance de la vérité, la vraie repentance vous ouvrira des opportunités, elle vous conduira à atteindre votre destinée, elle vous servira de guide et de rempart dans les corridors de la vie.*

La repentance qui n'a pas sa source dans la foi en Jésus n'est pas la vraie repentance et la foi qui n'est pas jointe à la repentance n'est pas aussi la vraie foi.

Quand la foi se développe et qu'elle arrive à la pleine assurance au point que nous sommes persuadés sans l'ombre d'un doute que le sang de Jésus nous a rendus plus blanc que la neige, c'est alors que la repentance arrive au plus haut point. Comme la foi grandit, la repentance grandit dans les mêmes proportions.

- *La fausse repentance vous conduira à la mort*

La fausse repentance vous conduira à une fausse foi, la fausse repentance vous conduira au mensonge, la fausse repentance vous conduira à la double personnalité, la fausse repentance vous conduira à une fausse expérience de la conversion et à la perdition, la fausse repentance vous conduire à la vie de désordres, la fausse la fausse repentance vous conduira en Enfer.

La repentance est une grâce qui, de même que la foi dure toute la vie. On ne peut pas jouer avec l'un comme avec l'autre, la foi et la repentance bien que proportionnelle, ces deux expériences de la vie chrétienne marchent ensemble.

Section 5. Dieu n'aura pas honte de vous

L'amour de Dieu envers vous n'est jamais une décision propre de sa part, c'est sa nature même, et sa nature, c'est de vous aimer. Il vous aime d'un amour parfait, un amour éternel, un amour implacable un amour inépuisable et pur.

Vous ne pouvez rien faire pour qu'il vous aime davantage et vous ne pouvez rien faire non plus pour qu'il vous aime moins. Il ne vous aime pas pour ce que vous faites ou ce que vous êtes, il ne vous aime pas pour des diplômes obtenus, il ne vous aime pas parce que vous prêchez bien, parce que vous êtes un bon prédicateur, il ne vous aime pas pour votre taille, ni votre beauté, il vous aime tout simplement parce qu'il vous a retrouvé vous, son fils perdu.

Dans Esaïe 49.15 :16, la bible dit « *Une femme oublie-t-elle l'enfant qu'elle allaite ? N'a-t-elle pas pitié du fruit de ses entrailles ? Quand elle l'oublierait, moi je ne t'oublierais point. Voici ! Je t'ai gravé sur mes mains, tes murs sont constamment devant mes yeux.*

Dieu dit, je t'ai gravé sur mes mains, comprenez-vous cela ? Vous êtes la gravure de Dieu, vous êtes fixé sur les paumes de ses mains, autrement dit, que vous n'êtes jamais hors de sa vue ou de sa portée peu importe les circonstances et les réalités que vous traverserez, quelle assurance d'avoir votre nom gravé sur les mains de celui qui a créé toute chose.

Le pasteur Buddy Owens renchérit : « Le Père vous aime d'un amour qui ne peut être ni acheté, ni gagné, ni négocié, ni vendu, un amour indiscutable, cet amour soupire chaque instant après vous et vous réclame. Si vous ne venez pas à lui par le moyen de la bénédiction bien-aimé, alors il se peut que Dieu vous attire à lui par l'adversité. Il connait vos luttes, vos doutes, vos chutes, vos craintes, vos déceptions, vos questions, vos douleurs et vos peines. Il sait ce que vous avez fait hier soir, il sait ce que vous ferez demain. Il n y a rien que vous pourriez lui dire qui l'étonnera, et pourtant il vous tend les mains et vous rassure son amour inconditionnel ».

Il n'éloignera pas toujours de vous l'adversité ou les moments difficiles, mais il remplira vos circonstances et vos expériences de sa puissante présence. Il souhaite ardemment que vous veniez à lui, pour lui parler de vos péchés et obtenir son pardon, et vous guérir. Venez à moi dit-il!

Il est l'amour au-delà de la raison. L'amour de Dieu pour vous surpasse toute connaissance, alors comment pouvons-nous saisir un amour qui dépasse toute compréhension ? Comment mesurer un amour qui n'est pas mesurable ? bien aimé, nous ne trouverons jamais les limites extérieures de l'amour Dieu pour nous.

C'est pourquoi, Il n'a pas envoyé son fils unique dans le monde pour vous condamner, mais pour que vous soyez sauvés par lui, sanctifiés et réconciliés afin de vivre une relation personnelle, une expérience particulière individuelle avec celui qui vous aime par-dessus tout, avec votre Père céleste.

SECTION 6. LEVE-TOI DANS LA PRIERE

L'opportunité de la victoire appartient à celui qui attaque le premier. La prière est l'un des plus grands atouts de l'intercesseur, elle est le lien sacré de communication et de communion avec Dieu. La prière c'est avoir une bonne approche à la communion avec Dieu, car :

il faut prier pour être entendu,

il faut prier pour rester vivant,

il faut prier pour maintenir le feu en action,

il faut prier pour demeurer dans sa présence,

il faut prier pour rester actif et positif dans la vie

il faut prier pour rester en vie...

Le royaume de Dieu est un royaume des principes, toutes choses doit être faites selon les principes de la parole. Sinon, cela ne produira aucun résultat. Il y a beaucoup des choses qui sont légitimement pour vous dans l'alliance, mais vous ne pouvez jamais les obtenir jusqu'à ce que vous demandiez, cherchiez et frappiez correctement.

Jésus leur adressa en parabole, pour montrer qu'il faut toujours prier, et ne point se relâcher. (Luc 18.1)

Lorsque votre vie de prière tremble cela montre que votre esprit s'affaiblit.

Prier sans cesse. (1 Thessaloniciens 5.17) Lorsque votre âme est véritablement renouvelée en christ, la prière devient votre privilège donné par Dieu, que vous ne pouvez pas vous abuser, mais rendre l'usage au maximum.

La prière devient naturellement une partie de votre vie, parce que votre esprit a été à l'écoute pour implorer la communication avec Dieu, votre Père, comme un nouveau bébé aspire pour son lait. Tu dois prier sincèrement et sérieusement pour que Dieu te révèle sa volonté.

Lorsque votre vie de prière traine, tremble, tangue ou somnole, il montre que votre esprit s'affaiblit et ceci démontre que vous vous éloignez de plus en plus de Dieu.

La prière efficace et consistante est le moyen de maintenir une vie chrétienne élevée. Vous rencontrerez de chrétiens qui prétendent avoir prié pendant 15 jours, 30 jours, 40 jours ou même 100 jours et pourtant ils n'ont pas de résultats à afficher, avant la prière est égal après la prière. Ils rentrent et ne possèdent rien, quel contraste ?

Mais le seigneur Jésus après 40 jours de jeûne et des prières, l'effet de sa prière l'a poursuivi tout au long de sa vie sur la terre, il en est de même avec Moise quand il revenait de la montagne après la rencontre avec Dieu, personne ne pouvait regarder son visage.

Cherche Dieu et frappe à la porte correctement

Donc, ce n'est pas la durée ou la longueur de temps que vous avez passé dans la prière, dans l'Eglise qui importe, mais les résultats que vous obtenez d'elle. La prière est une arme avec laquelle nous faisons face à la bataille et à des oppositions, afin de posséder nos possessions dans le christ. Mais avec d'intenses prières on note aucun résultat, alors il faut se poser de questions, sur la vie et la repentance.

Le Psalmiste affirme : « Dieu se lève ses ennemis se dispersent, et ses adversaires fuient devant sa face. (Psaumes 68.1) Si les ennemis se dispersent quant Dieu se lève, comment pensez-vous qu'ils se dispersent pour votre cas ?

Vous devez vous tenir debout dans la prière contre le voleur de votre destinée, vous devez surgir, peu importe les prophéties que vous avez reçu de Dieu, si vous n'avez pas constitué une résistance contre l'ennemi, vous n'aurez jamais des victoires. Dieu demeure votre recours unique et ultime, il voit votre cœur et connait vos besoins.

Ta prière ne devra pas seulement consister à dire à Dieu vos besoins, car il les connaît déjà (Matt 6.33). C'est lui inviter d'intervenir dans votre situation sur la base de sa propre parole. *Dieu demeure votre recours ultime, il voit votre cœur et connait vos besoins* c'est plutôt son aide qu'il vous faut pour vaincre l'ennemi.

C'est que vous devez faire dans la prière est de prendre votre accusateur lui amener dans la salle d'audience du ciel pour le jugement. Une fois que vous êtes justifié, vous bénéficiez des percées incessantes et vous marquerez votre génération.

Ne restez pas là en pleurant sur votre sort à attendre si quelqu'un aura pitié de vous, (nous sommes dans le combat, dans la guerre : donc pas de pitié) la vie chrétienne se résume en un combat corps à corps, levez-vous et profiter de cette force puissante de la prière et vous serez libérer de l'emprise du méchant, il est le méchant parce qu'il n'a aucun sentiment de sympathie pour vous.

Un homme de prière, un véritable chrétien c'est celui qui est brisé et humble devant le seigneur, et qui cherche son appui à tout moment et en toute circonstance.

Une telle personne ne joue pas avec le péché, une telle personne ne se distrait pas dans les erreurs et bêtises, il n'a pas le temps à perdre, il ne demeure pas dans le péché, il est conscient qu'il est au front, et qu'il peut être tué à tout moment et quand bien même il tombe, il retourne à Dieu rapidement en larmes dans un remord pieux et remarquable, il est triste, pleure et regrette d'avoir pécher, d'avoir basculé. Pour une telle personne demeurer dans les péchés c'est mourir chaque jour.

Il est le modèle de chrétien qui se laisse utiliser par le seigneur à tout moment, et charge sa vie avec le feu de la parole de Dieu et la prière. C'est quelqu'un qui est toujours sur ses genoux, yeux rouges avec une pureté visible, il a la puissance de Dieu en lui.

Dieu donne à ces genres de chrétiens une formation dure et rude. Dieu le laisse souvent passer par le feu afin qu'ils ressortent éclatant et rayonnant comme l'or raffiné.

SECTION 7. DIEU TE SOUTIENDRA DANS CE COMBAT.

Quand tu passeras par les eaux, je serai avec toi, et par les rivières, elles ne te submergeront pas ; quand tu marcheras dans le feu, tu ne seras pas brulé, et la flamme ne te consumera pas. (Esaïe 43 :2).

Ce verset confirme que le temps pour vous de passer à travers les eaux et les fleuves vont venir. Il dit : quand tu passeras... et non « si tu passeras ». Si rend cela conditionnel, *mais quand rend cela certain*. Afin de pouvoir résister dans le mauvais jour... (Ephésiens 6.13).

Vous êtes engagé dans cette guerre dès votre naissance, vous allez passer par les eaux, vous allez marcher dans le feu, vous serez dans les flammes de feu, bien aimé le mal viendra, les combats viendront, les problèmes financiers et autres vont venir certainement, les maladies seront au rendez-vous, le malin volera votre joie, votre amour, votre enfant, votre argent, votre santé, votre beauté..., vous ne pouvez pas vivre dans la victoire sans passer par toutes ces contradictions et oppositions.

Qui n'a pas besoin d'assurance dans les moments difficiles et d'incertitudes ? L'un des buts du combat chrétien est de te faire progresser ou de te réaliser, tu dois savoir que Dieu te fait passer ces moments d'épreuves et de dilemmes pour que tu deviennes un adulte autonome, il a conçu son plan de bonheur de sorte que nous ayons des obstacles à surmonter.

Dans son amour éternel, il nous a donné aussi le moyen de résoudre ces dilemmes tout en acquérant davantage de forces et de capacités c'est-à-dire de la force de la foi.

Peu importe les épreuves, Dieu vous soutiendra toujours, vous devrez savoir également que vous serez toujours victorieux. Dieu vous fait passer par ces choses pour que votre victoire soit parfaite, vous êtes le gagnant ne vous tromper pas.

SECTION 8. LES CHAMPIONS SONT CEUX QUI TOMBENT

La vie d'un guerrier, d'un combattant du christ est fonction d'honneur, des principes et de vertu, il doit être pur dans son corps, dans son âme et dans son esprit pour assurer de la victoire parfaite en Jésus christ.

Etre chrétien ne vous dispensera pas de combat, des luttes acharnées, d'adversités et des oppositions... dans le livre de Luc 4.13, « Après l'avoir tenté de toutes les manières, le diable s'éloigna de lui jusqu'au moment favorable ». L'ennemi est revenu plusieurs fois et de plusieurs manières tentant le Christ, mais Jésus était prêt pour le combat, donc il a battu le diable à chaque tentative.

Ce verset vous met en garde contre toute passivité et vous rassure que vous serez tenté comme votre maitre Jésus l'a été et de toutes les manières possibles, mais vous, résister jusqu'à la victoire finale.... car vous avez les moyens et les capacités...

Peut-être que tu es tombé une fois, deux fois, ...sous le coup de l'ennemi, tu as encaissé un ou deux coups, tu as souffert, c'est normal, mais il est temps de te relever. Les champions ne sont pas ceux qui ne tombent jamais, mais ceux qui refusent de rester sur le plancher.

Proverbes 24 :16 affirme « car sept fois le juste tombe, et il se relève.... Tant que vous êtes en vie, la bataille ne se terminera jamais, levez-vous et cesser de tolérer l'échec et mésaventures.

Le champion ne passe pas le temps à se plaindre, à pleurnicher et à discuter sur sa condition et la philosophie au contraire, il arrange son armure pour qu'il soit prêt pour les combats d'aujourd'hui et futur, levez-vous bien aimé, Si vous ne vous levez pas dans la prière, votre ennemi vous dominera.

Dieu dit, parce que tu as du prix à mes yeux, moi Dieu je donne des hommes à ta place et les peuples pour ta vie. La guerre est inévitable, mais la victoire est garantie, « Ne crains rien », dans cette course, dans ce combat de la vie les obstacles sont vrais mais les victoires aussi sont réelles et visibles.

SECTION 9. DECLARE LA VICTOIRE DANS LA FOI

Dans la vie de la foi, Il n'y a pas de « si »

Lorsque vous êtes convaincu, vous serez relaxe et certain de votre victoire et de votre destiné, votre confiance totale en Dieu trouvera surement une expression dans votre langage, vous aurez un comportement conséquent de victoire. Vous parlerez des choses positives, votre optimisme fera ressortir des déclarations du victorieux. Les choses que vous êtes impatients de recevoir sont tellement réelles pour vous que vous serez complètement absorbé par le calcul des détails.

Le monde aura à douter même de votre état mental, mais c'est précisément la façon dont vous apparaissez devant le monde, si vous voulez vraiment votre victoire, vous devez respecter toutes les règles, parce que les demi-mesures n'ont aucun poids dans le domaine de l'esprit et particulièrement dans celui de la foi. Il est écrit : car quiconque observe toute la loi, mais pèche contre un seul commandement, devient coupable de tous. **(Jacques 2.10)**

Vous avez à proclamer votre victoire au quotidien, parce que la lumière (foi) dans votre cœur doit être connue de tous et du monde extérieur. La bible dit : « on n'allume pas la lampe pour la mettre sous le boisseau ».

Lorsque vous proclamez la victoire, toute obscurité est chassée, lorsque vous annoncez votre victoire, vous mettez tous les hôtes démoniaques en fuite, parce qu'ils ne peuvent pas supporter votre lumière, votre foi. Car par tes paroles tu seras justifié, et par tes paroles tu seras condamné. (Matt.12 :37)

Bien aimé, la mauvaise confession va vous coûter la victoire, elle va vous coûter de l'argent, elle va vous prendre du temps et de l'énergie et si vous ne faites pas attention, elle vous coutera aussi votre vie.

Proverbes. 14 :28 affirme : « la mort et la vie sont au pouvoir de la langue », tout simplement parce que la langue est l'écoulement parfait de l'abondance contenue dans le cœur de l'homme.

Notez bien, ce que vous êtes aujourd'hui là, c'est le produit de ce que vous avez dit à propos de vous-même dans le passé.

Vous ne pouvez pas dire une chose et espérez que quelque chose de contraire ou différent se produise. Vous ne sèmerez jamais le grain de maïs et espérez récolter le raisin, c'est pratiquement impossible, ce qu'un homme aura semé il le moissonnera, dit la parole.

Ce qui procède de votre bouche est une force spirituelle qui fera votre fortune ou votre ruine. Préserve ta langue du mal, et tes lèvres des paroles trompeuses ; éloigne-toi du mal, et fais le bien en toute circonstance ; recherche et poursuis la paix.

Les yeux de l'Eternel sont sur les justes. (Psaume 34 :14-16). La mise à l'épreuve de votre foi produit la persévérance.

SECTION 10. LA FOI DECLAREE SE CONFIRME DANS LES ACTIONS

Vous ne pouvez pas marcher avec Dieu et courir avec le diable.

Croire aux promesses de Dieu ne vous garantit pas de réponses, sauf si vous traduisez votre croyance en action. C'est la foi en action, ou la foi soutenue par les œuvres qui importe. Lorsque vous vous adressez à votre situation désastreuse, à votre situation financière mauvaise, à votre maladie, ou au voleur de votre bénédiction, vous allez en action indépendamment de vos sentiments ou apparitions du contraire.

C'est votre démonstration de la victoire et cela constitue une marche dans la victoire, confirmant ainsi la finalité de ce que vous avez déclaré. Si votre action provient en fait de la foi véritable que vous avez déclarée, les obstacles et autres oppositions vont s'écrouler, révélant les besoins qui vous recherchent avec autant d'empressement comme si vous leur appartenez.

La démonstration de la victoire est vraiment importante parce que Dieu ne juge pas par la confession simple de vos lèvres, mais plutôt et avec l'expression vivante de votre vie. Il vous justifiera sur la base de ce qui sort de votre cœur et non sur base de qui sort de votre bouche. « Ne parlez plus avec tant de hauteur, que l'arrogance ne sorte plus de votre bouche ; *Car l'Eternel est un Dieu qui sait tout, et par lui toutes les actions sont pesées* » (1 Samuel 2 :3).

Moi, l'Eternel, je sonde le cœur, j'éprouve les reins ; et cela pour rendre à chacun selon ses voies, selon le fruit de ses actes. (Jérémie 17.10). Vos actions sont contrôlées par l'état de votre cœur, c'est de l'abondance du cœur que la bouche parle, *vos actions doivent être en accord avec vos paroles.*

Vous ne pouvez pas dire : « C'est par ses meurtrissures que j'ai été guéri » et continuer à fréquenter les pharmacies, et les médecins rien ne va fonctionner pour vous, vos actions doivent correspondre avec vos déclarations.

Ici, nous vous encourageons à prendre le temps pour faire ce que vous dites. 1 Samuel 1 : 18, montre le cas de Hannah, qui devint plus tard la mère de Samuel, la bible rapporte que quand elle eut fini de supplier le seigneur pour l'enfant, elle n'a pas continué à porter son regard triste, mais elle s'en alla, elle mangea, et son visage ne fut plus le même.

David était une personne qui a cru en action après la confession. Il croyait que Dieu était en mesure de livrer Goliath dans sa main, alors il est allé directement dans l'action.

Il n'y avait pas un soldat dans les rangs de l'armée d'Israël qui pouvait prétendre croire que Dieu pouvait vaincre l'armée Philistine. Leur action était une preuve suffisante qu'ils ne croyaient pas en Dieu pour la victoire. *L'anxiété et la peur sont de véritables ennemis de la foi, ils se manifestent dans les actions. L'anxiété produit la peur, et la peur engendre le doute ; qui vous prive de toutes les promesses de la parole.*

SECTION 11. ANEANTIR TOUTE AUTRE ALTERNATIVE

Le penchant naturel de l'homme sur la terre est de tout essayer par ses propres forces et son intelligence, il consulte les prophètes, les pasteurs, les occultistes, les féticheurs, les marabouts, les devins, tout en assistant aux cultes à l'église chaque dimanche, en faisant des jeunes et intenses prières, et même en priant et imposant les mains aux malades. L'homme est par essence un être partagé puisqu'il a devant lui le bien et le mal, il doit choisir, vous le verrez à l'église le matin et le soir il est chez le marabout.

Tu ne peux pas souffler le chaud et le froid au même moment, car Dieu rejette le tiède. Vous ne pouvez pas chercher Dieu et le trouver tout en maintenant des rapports étroits avec les autres forces. *Quand Dieu n'est plus votre unique et ultime secours dans les détresses, vous risquez de mourir dans les frustrations. Dieu est un Dieu jaloux : ou vous êtes entièrement pour lui, ou il se lave les mains et vous laisse seul avec vos affaires.*

L'apôtre Jacques affirme (Jacques 1.6 :7) que celui qui doute est comme une vague de la mer, *il ne recevra rien de Dieu.*

Le Pasteur Paul dit « Dieu me parla un jour à propos des alternatives en ces termes : Tu as deux yeux. Peux-tu faire qu'un regarde le ciel et l'autre la terre au même moment ? J'avais essayé mais en vain. Il me dit alors : toutes les fois que tu porteras ton regard vers les hommes, n'essaye plus de les porter sur moi ».

Vous ne pouvez jamais compter sur Dieu en vous appuyez sur d'autres sources ou forces, le Dieu jaloux que nous servons ne partage pas sa gloire avec d'autres forces. La seule condition est de lui demeurer fidèle, d'avoir totale confiance et en toute circonstance.

SECTION 12. L'ABANDON DE SOI

La qualité de ta vie dépend de la semence spirituelle qui agit en toi.

« Vous me chercherez, et vous me trouverez, si vous me cherchez de tout votre cœur » (Jérémie 29.13) Dieu veut restaurer en nous son image, mais à condition que nous lui donnions notre cœur sans partage. La guerre contre le moi est la plus grande guerre qui n'ait jamais été livrée. L'Abandon de soi, la soumission entière à la volonté de Dieu ne s'obtient pas sans combat, mais cette soumission est nécessaire à notre transformation et à notre sanctification.

Jésus dit « Si quelqu'un vient à moi et s'il ne hait pas son père, sa mère, sa femme, ses enfants, ses frères, et ses sœurs et même sa propre vie, il ne peut être mon disciple. Tu ne peux jamais te proclamer chrétien et continuer à l'être sans mettre fin à la vie du « ***moi*** ».

Avez-vous le sentiment que c'est un sacrifice trop grand de tout céder à Jésus ? Vous demandez-vous : « qu'est-ce que Jésus a fait pour moi ? » le fils de Dieu a tout donné pour notre rédemption : sa vie, son amour, ses souffrances.

Cette vie du « moi » se manifeste par :

-la justification de soi,

-l'auto-détermination,

-la publicité de soi,

-les félicitations de soi et

- l'amour de soi....

Il est dit que l'amour est aveugle. S'il en est ainsi, alors l'amour de soi, étant le plus fort, est le plus aveugle. La seule réponse à la vie du « moi » est le calvaire. Il faut radicalement renoncer au « moi » et le condamner à la mort sur la croix. Renoncer au « moi » peut aussi signifier ceci :

Tu laisseras les autres se servir les premiers à table, même si tu n'aies pas la meilleure part du repas, laisse les autres l'avoir. Tu vas te réjouir avec ton collègue du bureau qui a été promu de préférence à toi, bien que tu sois mieux qualifié. Tu serviras les autres au lieu d'attendre d'être servi...

Tant que vous êtes sur cette terre, regardez à Jésus pour tout ce qui est nécessaire. **JESUS EST TOUT**. La boussole dans le cœur d'un chrétien se tourne sans cesse vers le CHRIST, car il est le chemin la vérité et la vie, et nul ne vient au Père sans passer par moi, dit Jésus.

Le seigneur dit encore aujourd'hui : « si quelqu'un veut venir après moi, *qu'il renonce à lui-même*, qu'il se charge de sa croix et qu'il me suive » c'est le suivre chaque jour et jusqu'à la mort, une mort quotidienne et peut-être une mort physique permanente dans un acte de martyre.

Quiconque veut être grand parmi vous, *qu'il soit votre serviteur*, et quiconque veut être le premier parmi vous qu'il soit votre esclave. C'est ainsi que les fils de l'homme est venu, non pour être servi, mais pour servir et donner sa vie en rançon pour plusieurs. (Matt.20 :25-28).

SECTION 13. LE SILENCE DE DIEU N'EST PAS SON ABSENCE

Dans la vie chrétienne tout enfant de Dieu, tout combattant du christ est supposé entendre sa voix, il a dit : Mes brebis entendent ma voix. Nous devons chercher à savoir pourquoi Dieu reste silencieux en mon endroit pour ma situation, mon problème, ma maladie,... En tant qu'enfant de Dieu, nous sommes supposés entendre sa voix clairement et régulièrement.

Ainsi donc, si pendant longtemps, tu n'as rien entendu de la part de Dieu, il te faut chercher à savoir ce qui se passe. Tout ce qu'il a créé attend sa voix, Quand Dieu reste silencieux dans votre vie, examinons ce qui suit :

- Peut-être qu'il n y a rien à dire : Car Dieu n'est pas bavard. Dieu ne se répète pas. Et si jamais, il le fait, cela veut dire que la chose est très importante.

- Peut-être que Dieu a déjà parlé : mais tu l'as pris pour quelqu'un d'autre. Dans jean 12 :28-29, quand Dieu parla, ceux qui étaient avec Jésus avaient entendu un coup de tonnerre, pour d'autres c'était un ange, ils ont confondu la voix de Dieu avec l'éclat de tonnerre et aussi dans 1 Samuel 3 :3-5 quand Dieu appela Samuel pour la première fois, il pensait que c'était Eli qui l'appelait.

- Peut-être que tu es trop préoccupé : tu aimes le spectaculaire au point de passer à côté du miraculeux.1 Rois 19 :11-13 nous dit comment le prophète Elie désirait entendre quelque chose de la part de Dieu sur la montagne.

Le vent passa, il y eut un tremblement de terre, puis du feu, mais Dieu n'était pas dans aucun de ces éléments. Après tout cela, l'éternel parla d'une voix douce et subtile.

- Peut-être Dieu veux vous voir un homme de Dieu et non un homme d'Eglise, car l'homme d'église se donne toute sorte des titres ecclésiastiques, académiques et humains pour une impression sans expression, alors que l'homme de Dieu présente Jésus-Christ, le Dieu tout puissant avec tous les titres et attributs, l'homme d'Eglise s'appuie sur les hommes, et attire l'attention du peuple de Dieu sur lui-même, alors que l'homme de Dieu attire l'attention sur Jésus-Christ le chef suprême de son Eglise à qui Dieu a tout mis sous ses pieds (Ephésiens 1 :22-23 et Hébreux 2 :8-9).

- Peut-être tu es trop occupé par tes propres plans : pour vous Dieu devrait refaire certaines choses pour toi, et ainsi tu manques de l'entendre, il se pourrait qu'il ait besoin de te mettre K. O pour obtenir ton attention. Dans Actes 9 :1-6, Saul de tarse pensait qu'il était très occupé à défendre Dieu jusqu'à ce qu'il soit envoyé au tapis par Jésus Christ qui lui dit que ceux qu'il essayait d'exterminer constituaient le peuple élu de Dieu. Certains ont leurs propres plans.

- Peut-être Dieu s'apprête-t-il à rugir : Quand il veut rugir, il garde le silence pour un temps, surtout s'il compte le faire après t'avoir brisé. Saul était le favori de Dieu avant qu'il ne l'abandonne à cause de sa désobéissance. Quand les philistins l'attaquèrent, il demanda des directives à Dieu, mais il refusa de lui répondre, que ce soit par des rêves ou par les prophètes.

Saul consulta alors le médium. Souvent quand Dieu refuse de parler à quelqu'un, c'est qu'il est dans de beaux draps.

Il est possible qu'il ait même déjà choisi un remplaçant. Ceci nous enseigne que nous devons toujours être en état d'alerte à tout moment.

SECTION 14. SI TU VIS LE SILENCE DE DIEU

Vérifie dans ta vie s'il y a un domaine ou ton obéissance est incomplète, ce qui pour Dieu n'est qu'une désobéissance. Peut-être c'est le paiement des dîmes, le péché chéri entretenu au quotidien, le péché oublié, le péché mal confessé. Pour cela toi, demeures en sa présence aussi longtemps que cela sera possible avec les prières de supplication, de louange et d'adoration attendant de lui la réponse appropriée.

Mets-toi à louer et à adorer intensément le créateur de toute chose pour provoquer une prophétie. Il peut alors décider de parler. Dans 2 Rois 3 :14-16, Elisée reçut la visite de trois rois qui voulaient consulter l'Eternel. Elisée demanda qu'on lui fasse venir un joueur de harpe. Pendant que ce dernier jouait, le Saint –Esprit descendit sur lui et il fut en mesure de prophétiser. Jésus-Christ dit: va en paix et ne pèche plus....

SECTION 15 : N'OUBLIEZ PAS DES HEURTS

Il y aura certainement des tempêtes dans votre vie, des vents violents, que cela vous plaise ou pas. Dans Jean 16 :33, le seigneur Jésus-Christ dit lui-même que nous aurons des tribulations, il n'a jamais dit qu'une fois que l'on devenait son disciple le monde deviendrait directement un lit de pétales de roses et paisible.

Beaucoup des gens nous ont fait croire qu'une fois que tu donnes ta vie à Jésus-Christ, il n'y aura plus des heurts, des contradictions physiques, des oppositions, des luttes acharnées, il n'y aura plus de vent impétueux dans la vie et pourtant Dieu permet la tempête dans nos vies pour montrer clairement qu'il est le seul abri.

Ce que nous devons apprendre, c'est comment gérer les heurts et les tempêtes quand elles surviendront.

a. Quand les tempêtes surviendront, certains surnageront alors que d'autres couleront.

Celui qui surnagera est celui qui a Jésus-Christ dans la barque de sa vie. Celui dont le seigneur et le sauveur lui-même est aux commandes de sa vie, il est, et demeure le capitaine et commande toutes les opérations visibles et invisibles.

Dans Esaïe 43 :1-2, le Dieu Tout Puissant dit : « Ainsi parle maintenant l'Eternel, qui t'a créé, ô Jacob ! Je t'appelle par ton nom : tu es à moi ! Si tu traverses les eaux, je serai avec toi, Et les fleuves, ils ne submergeront point, Si tu marches dans le feu, tu ne te bruleras pas, Et la flamme ne t'embrasera pas. Bien aimés, il y aura des tempêtes, mais aussi longtemps que le contrôleur des tempêtes sera dans notre barque, soyez convaincu que nous ne coulerons pas ».

b. les tempêtes de la vie n'avertissent point avant de frapper.

Lisons Matt. 24 :43-44, « le Seigneur affirme : Sachez-le bien, si le maître de la maison savait à quelle heure veille de la nuit le voleur doit venir, il veillerait et ne laisserait pas percer sa maison, c'est pourquoi, vous aussi, tenez prêts, car le fils de l'homme viendra à l'heure où vous n'y penserez pas. » Si un homme sage savait quand le malheur frapperait, il ferait probablement quelque chose pour qu'elle ne le touche pas. Une personne sage devrait être bien préparée avant la tempête. Ne te distrait pas soit vigilant et veille.

c. la tempête frappe à l'endroit où on l'attend le moins.

Qui pouvait s'attendre à une tempête si grave dans un tel moment, dans le lieu peu indiqué ? Qui pouvait penser à une tempête quand Jésus se reposait dans la barque ? Paul s'adressant aux Thessaloniciens affirme : *Alors une ruine soudaine les surprendra, comme les douleurs de l'enfantement surprennent la femme enceinte, et ils n'échapperont point. Thessaloniciens. : 5 :3.*

Celui qui imite se limite, sois toi-même, et tu découvriras tout ce dont tu auras besoin. Dans le peu que tu as, Dieu a mis tout ce dont tu auras besoin. Cherchez donc le bonheur que tu veux dans ce que tu as Une seule parole du seigneur Jésus-Christ imposera la paix dans n'importe quelle tempête, car son nom selon Esaïe 9 :6 est Prince de la paix.

Si le seigneur de la paix demeure en nous, une seule parole de sa part calmera n'importe quelle tempête que nous affronterons.

Le diable n'a qu'un seul objectif : vous tuer, vous détruire, vous anéantir c'est alors que la foi devient indispensable pour contrer les assauts de l'ennemi. Les seules armes appropriées dans ce combat sont celles que Dieu a gracieusement pourvues pour vous.

CHAPITRE 6. VOTRE ARMURE VIENT DE DIEU

L'Eglise aujourd'hui comme hier a toujours été tenté de résoudre le défis qui lui sont lancés par le diable et ses anges avec des armes charnelles pour substituer aux véritables armes données par Dieu. Il est évident que les armes charnelles n'apporteront jamais le réveil désiré car elles ne peuvent détruire les forteresses du diable et délivrer l'homme de la puissance du malin.

Les seules armes appropriées sont celles que Dieu a gracieusement pourvues pour notre usage dans les saintes écritures. Nombreux sont les chrétiens engagés dans ce combat dur et pénible, et qui ont été blessés et d'autres y ont même laissés leur vie, par manque de la connaissance des armes spirituelles à leur disposition. Personne ne va en guerre sans être préparé, bien aimé, si vous ne prenez pas le temps nécessaire et la peine de vous équiper comme il le faut pour le combat, vous deviendrez une autre victime.

SECTION 1. LES ARMES DE NOTRE COMBAT

Dans sa sagesse infinie et dans sa miséricorde, Dieu nous a équipés de toutes les armes dont nous avons besoin pour acquérir la victoire. Comme le combat se déroule dans monde spirituel, nos armes aussi sont spirituelles. Dans 2 corinthiens 10 :4 Paul dit « les armes avec lesquelles nous combattons ne sont pas charnelles, mais elles sont puissantes, par la vertu de Dieu, pour renverser des forteresses.

Les forteresses que nous attaquons sont aussi spirituelles. Au cours des siècles, Satan les a construites dans les cœurs et les esprits de l'humanité. Ce sont les forteresses de la peur, de la convoitise, de la haine, de l'idolâtrie, des préjugés...

« Et Paul cite dans Ephésiens 6. 13 :18, sept armes spirituelles dont nous avons besoin *« c'est pourquoi prenez toutes les armes de Dieu, afin de pouvoir résister dans le mauvais jour, et tenir ferme après avoir tout surmonté.*

Tenez donc ferme : ayez à vos reins la vérité pour ceinture ; revêtez la cuirasse de la justice ; mettez pour chaussure à vos pieds le zèle que donne l'évangile de la paix, prenez par-dessus tout cela le bouclier de la foi, avec lequel vous pourrez éteindre tous les traits enflammés du malin ; prenez aussi le casque du salut, et l'épée de l'Esprit, qui est la parole de Dieu.

Faites-en tout temps par l'esprit toutes sortes de prières et de supplications. Veillez à cela avec entière persévérance, et priez pour tous les saints ».

a. Revêtez la cuirasse de la justice :

Autrement définit comme l'armure de la lumière, tenez donc ferme ; ayez à vos reins la vérité pour ceinture, revêtez la ceinture de la justice. La cuirasse est une arme portée sur la poitrine pour protéger les organes vitaux qui entourent le cœur, c'est pourquoi il t'est prévenu de garder ton cœur plus que toute autre chose, car de lui coulent les sources de la vie (Proverbes 4 :23). Notre succès dans la vie spirituelle dépend du maintien d'un cœur en bonne relation à la fois avec Dieu et avec les hommes et nous efforcer d'avoir constamment une conscience sans reproche devant Dieu et devant les hommes. (Actes 24 :16).

La cuirasse de la justice est importante, un autre adage dit « celui qui va rendre justice doit avoir les mains propres » c'est la raison pour laquelle il faut avoir un cœur pur, sans tache pour exercer cette justice. Vous ne pouvez pas vivre dans le péché, faire autant de mal autour de vous et attendre à ce que Dieu vous prenne en charge. Toute rébellion, tout péché, toute compromission exposera votre cœur à la destruction. Soyez juste et vivez la justice au tour de vous, ainsi votre cuirasse de la justice vous justifiera en tout lieu et en tout combat.

b. Le zèle que donne l'évangile de la paix :

Bien aimés, les témoignages de l'évangile de la paix apportent la lumière qui dissout les ténèbres, la vérité libère l'homme, lorsque vous propagez la lumière qui est en vous, vous détruisez ainsi les ténèbres autour de vous.

Mettez pour chaussure à vos pieds le zèle que donne l'évangile de paix, nous devons nous chausser de la préparation d'annoncer cette évangile, porter la bonne nouvelle partout. Vous prêcherez à chaque occasion bonne ou mauvaise car vous avez reçu mandat et que toutes les âmes qui périssent sachent qu'elles avaient eues le privilège d'être sauvée. N'ayez pas honte de l'évangile de christ soyez rassurer quand vous prêcher que le christ est avec vous et vous soutient.

Nous ne pouvons communiquer l'évangile efficacement que si nous avons la véritable paix dans notre cœur, une paix qui ne dépend pas des circonstances extérieures.

c. *Prenez par-dessus tout le bouclier de la foi.*

Le bouclier est une armure qui sert à protéger le corps entier des flèches de l'adversaire. En notre qualité du chrétien, notre foi reste pour nous ce qu'un bouclier est pour un soldat.

Et hébreux 11.6 affirme ce qui suit : Or sans la foi il est impossible de lui être agréable, car il faut que celui qui s'approche de Dieu croie que Dieu existe et qu'il est le rémunérateur de ceux qui le cherchent.

La parole de Dieu nous affirme qu'avec le bouclier de la foi, nous aurons des victoires devant toutes sortes d'attaques de l'ennemi, les montagnes sont déplacées par la foi, les morts reviennent à la vie à cause de la foi, avec la foi, les maladies sont guéries, les esprits méchants quittent le corps.

Elle est la seule armure qui soit logée dans les pensées. Vous vous servirez de la foi, pour annuler les assauts de l'ennemi contre vous et éteindre les traits enflammés du diable.

Notre bouclier de la foi doit être complet dans toute sa dimension. Il doit couvrir entièrement notre personnalité :

esprit, âme et corps. Bien qu'utilisant la fronde et les balles réelles pour vous secouer, le diable n'a qu'un seul objectif : vous tuer, vous détruire, vous anéantir c'est alors que la foi devient indispensable pour contrer les assauts de l'ennemi et pour vous protéger. Car sans la foi active, en temps de guerre, vous allez mourir.

Faites attention à votre foi, elle est la clef de votre réussite.

D. le casque du salut.

Tout comme la cuirasse qui protège le cœur, le casque est aussi une armure très important, car il se porte et protège la tête, il protège nos pensées de la vie et notre esprit, car c'est dans l'esprit que le chrétien est généralement attaqué. Ce casque est déjà disponible, il vous suffit de le porter. Un guerrier qui porte le casque du combat est conscient de la guerre qu'il va mener. C'est pourquoi, il est important d'être né de nouveau, être au préalable sauvé et rempli du saint esprit.

Le diable cherchera à troubler vos pensées et perturber votre existence, à vous distraire d'une façon ou d'une autre, vous rendant ainsi inefficace dans la guerre contre lui. Vous n'amènerez jamais sur le champ du combat spirituel une personne qui n'est pas préparée, qui n'est pas en forme, une personne qui n'est pas spirituellement engagé dans le combat.

Vous ne pouvez pas être dans le camp du diable et le combattre, vous ne feriez que le provoquer à vous détruire et la fin de votre histoire sera comparable à celle de 7 fils de scéva, qui ont essayé de chasser le diable alors qu'eux tous étaient ses esclaves.

E. Ayez à vos reins la vérité pour ceinture

Les reins sont cette partie du corps située entre les cotes et l'os iliaque, les organes génitaux et l'appareil digestif y sont cachés. Pour les soldats ou tout autre combattant la bande au tour des reins ne sert pas seulement à garder l'armure en place mais sert également de support à l'épée.

Si nous devons ceindre nos reins avec la vérité, cela signifie que nous devons prononcer des paroles vraies qui viennent de notre for intérieur, être sincère et intègre. Vous devez être un chrétien d'une intégrité indubitable et d'une grande moralité.

La ceinture de la vérité inclue aussi la riche réserve de la connaissance de la parole, car il est écrit : la connaissance de la parole vous préservera de toute attaque.

Vous utiliserez cette parole pour viser le diable et ses démons. Si vous avez la connaissance de parole et de la connaissance de Dieu, quand le diable vous dira « Dieu a-t-il réellement dit ? Vous, vous direz : IL EST ECRIT, et s'il reprend « Dieu a –t-il dit ? Vous, vous direz « IL EST ENCORE ECRIT » alors vous irez de : il est écrit, il est écrit, il est écrit plusieurs fois, et le diable fuira loin de vous.

Ceignez-vous de la parole et de la connaissance de Dieu, placez-la à votre cou, cachez-la dans votre cœur, qu'elle soit partout autour de vous, afin que lorsque vous commencez à fusiller l'ennemi, que vous ne courez pas chercher la bible, les pasteurs et le refuge ailleurs.

F. Prenez également l'épée de la parole.

L'épée est une arme que l'on utilise dans la guerre pour attaquer et aussi pour se défendre, elle est utilisée par le chrétien comme une arme spirituelle pour juger, condamner et prononcer des sentences contre le diable et ses légions.

La puissance du chrétien combattant provient de la connaissance de la parole de Dieu, il est rempli des pensées de Dieu en toutes choses et toutes circonstances et il relâche cette parole au moment du jugement. Hébreux 4.12 l'affirme en ces termes : « *car la parole de Dieu est vivante et efficace, plus tranchante qu'une épée quelconque à deux tranchants, pénétrante jusqu'à partager âme et esprit, jointures et moelles, elle juge les sentiments et les pensées du cœur* ».

Tout mot qui sortira de votre bouche devient une épée, une arme une fois prononcée contre l'ennemi. Rassurez-vous que vous avez la parole de Dieu dans votre cœur en abondance. *JESUS VAINQUIT L'ENNEMI AVEC IL EST ECRIT.*

G. *Prier toutes sortes des prières par l'esprit.*

La prière vous prépare avant le combat, elle vous stimule et vous soutient pendant le combat et vous donne la paix intérieure après le combat car vous êtes victorieux.

La dernière arme mentionnée se résume *en « toutes sortes de prières »* cela inclut différentes sortes de prières comme celles citées dans 1 Timothée 2 :1 : des supplications, des intercessions et des actions de grâce. Ce n'est pas un instrument de soliste entre les mains d'un seul chrétien isolé, mais bien plutôt il est produit par un orchestre avec des nombreux instruments unis ensemble en harmonie par le Saint-Esprit. Dieu ne confie pas une telle arme à des chrétiens qui ne sont guidés que par leurs désirs charnels et leurs émotions.

Matt.26.40 :41. Dans ces versets, l'apôtre Pierre alla prier avec Jésus avant l'expérience de la croix, mais PIERRE dormit, pendant que le maitre priait, « vous n'avez donc pu veiller une heure avec moi » et quand le combat commença Pierre n'a pas pu résister et est retourné à sa profession de pécheur, jusqu'à ce que Jésus le récupère.

Veillez à traiter l'affaire de la prière avec sérieux et persévérance pour que l'onction produise des résultats sur vous. Dieu se sert de la prière de ses enfants pour accomplir des merveilles. Avec la prière votre vie devient une intercession continuelle, car en ce moment l'esprit lui-intercède.

Le Rev. Pasteur. *MOSY U MADUGBA* ; raconte « il y a quelques années, alors que nous allions rendre ministère, nous ne savons pas que le peuple avait prononcé des malédictions sur la terre et l'eau contre nous, ils avaient spécifiquement demandé que le sable et l'eau se soulèvent contre nous et nous détruisent si nous mangeons quelque produit de cette terre.

A notre arrivée, Dieu nous avertit en ces termes : ne mangez de rien qui provienne de cette terre et ne buvez pas de son eau jusqu'à ce que vous ayez fini la bataille » nous obéîmes à ses instructions, ils avaient demandé à la terre et aux eaux de se joindre à eux pour nous combattre.

Je m'agenouillais, imposant mes mains sur le sable et jugeant la méchanceté et la sorcellerie programmée pour notre arrivée, je commandais à la terre de renverser qui se sont soulevés contre nous au nom de Jésus, je me tournais vers les eaux, je pris une petite quantité d'eaux et je fis la même chose.

Quelques semaines après, des cris de détresses commencèrent à retentir dans le camp des méchants. Apprenez à prier, et à changer les cours de choses.

SECTION 2. LA QUALITE DES ARMES A NOTRE DISPOSITION

Les armes à notre disposition ne sont pas charnelles mais spirituelles et leur qualité dépasse de loin les armes physiques sophistiquées modernes. Les armes de notre guerre sont uniques, la connaissance de leur qualité nous donnera l'assurance et l'amour de les utiliser à chaque fois que cela est nécessaire.

a. Les armes spirituelles sont plus sophistiquées que les inventions nucléaires modernes

Les armes spirituelles ne deviennent jamais obsolètes, la technologie avance très vite et sur le marché mondial moderne, il y a des armes très sophistiquées mais malheureusement elles ne peuvent rivaliser avec les armes spirituelles qui sont toujours en avance et supra puissantes. Les armes qui étaient sensée être sophistiquées dans la première guerre mondiale 1914-1918 aujourd'hui elles sont obsolètes et ne sont plus d'actualité, même seules utilisées Iraq ou au Mali, elles ne sont plus d'actualité, elles sont dépassées.

Mais tel n'est pas le cas des armes spirituelles que nous possédons, elles ne perdent jamais leur utilité, elles n'ont pas des dates de péremption, elles sont efficaces pour mettre toute l'armée de l'ennemi en échec.

      b. Les armes spirituelles ne sont jamais en rupture de stock.

Les armes de notre combat sont disponibles, elles ne sont jamais en manque dans l'armurerie de Dieu, elles sont disponibles et accessibles chaque fois que vous en avez besoin, alors que les armes charnelles vendues au marché sont de temps en temps en rupture de stock et dépassées et cela affecte souvent le cours de la guerre physique.

A chaque fois que vous appelez le ciel pour demander ces armes, à la seconde vous êtes servi, car leur stock est disponible et ne sont jamais hors usages.

      c. Les armes spirituelles sont transportables

Elles sont transportables spirituellement, on n'a pas besoin de les déplacer, on n'a pas besoin de payer la douane, ni la taxe, ne demande pas de paquebots et navires pour leur déplacement, encore moins de camions blindés, on les porte en soi, elles sont enfouies en vous, quel grand Dieu nous avons.

      d. Les armes spirituelles sont adéquates

Les armes spirituelles qui sont en vous, sont adéquates et suffisantes pour faire face aux défis contre le diable et ses démons. Ces armes s'adaptent à chaque circonstance, chaque niveau du combat, l'ennemi ne peut jamais les détruire. Utilisées par chaque génération, elles sont toujours adéquates.

      e. Les armes spirituelles sont d'une garantie éternelle

Contrairement aux armes charnelles qui sont limitées, insuffisance et inadéquates dans le combat spirituel, les armes spirituelles ont une garantie éternelle de Dieu, elles durent pour toujours, car ainsi, elles sont divinement créées

    f.   les armes spirituelles ne demandent pas la maintenance

L'éternel, Dieu Tout Puissant en assure l'entretien et la maintenance, car comme il veille sur sa parole pour l'accomplir, il ne partagera jamais sa gloire avec quelque autre créature, il en est de même des armes spirituelles qui sont à jour éternellement. Les armes charnelles tombent en panne et deviennent ainsi désuètes et irréparables.

    g.   Les armes spirituelles sont pleines de confiance

Dieu les a faites lui-même, vous pouvez lui faire confiance et vous fier en elles sans réserve, car les sont parfaites, n'enregistreront aucune défaillance de montage ou de conception, elles sont sans fautes, sans usure et sans tâche.

    h.   Les armes spirituelles sont l'œuvre du Tout Puissant.

Les armes spirituelles enfuies en vous par Dieu, sont puissantes pour renverser les forteresses de l'ennemi, elles sont illimitées, lorsque nous prions et invoquions le nom du seigneur Jésus, c'est une arme redoutable.

Si vous sembler ignorer cela, le diable et ses anges le savent et tremblent, c'est pour pourquoi il est écrit : Au nom de Jésus TOUT GENOU fléchira, le sang de Jésus est une arme de grande force, ne l'oublier jamais, nos armes sont puissantes par Dieu pour renverser les forteresses et les hordes de l'ennemi.

    i.   Les armes de Dieu sont fiables et immortelles

Ces armes étés testées pendant plusieurs milliers d'années et ont été parfaites, les anciens les ont utilisées et n'ont jamais perdu une bataille, elles ont manufacturées par le seigneur lui-même. La garantie d'utilisation est éternelle, elles sont puissantes lorsque nous laissons Dieu intervenir dans nos combats. Elles confondent terriblement l'ennemi et les rendent stupide et inexpérimenté dans le combat. Alléluia.

L'apôtre Paul s'adressant à l'Eglise d'Ephese écrivit : quiconque se servira de façon adéquate des armes spirituelles ne sera jamais confondu, quel que soit la violence du combat vous allez triompher.

SECTION 3. LES ARMES DE L'ENNEMI

Connaitre également les armes de l'ennemi vous avantage et vous mettra à l'abri des attaques brusques ou préparées. Dans cette section nous mettons en exergue quelques armes de l'ennemi pour que vous soyez en mesure de les discerner ou que vous les voyez lors des combats. La plus grande arme que l'ennemi utilisera contre vous c'est la PEUR.

La peur de mourir ;

La peur de vivre

La peur d'attaquer ;

La peur d'avancer ;

La peur de l'échec

La peur de l'opinion publique ; La peur de se battre ; ...

La peur c'est tout un esprit, elle fraye le chemin, crée le couloir et laisse passer le diable, si vous chasser la peur, vous étés sûr de gagner la prochaine bataille.

Le doute et l'incrédulité ;

La séduction et la manipulation ;

La persécution et les fausses accusations ;

La maladie, la magie et la sorcellerie ;

Le viol et vol, division, l'envie, la suspicion, mort précoce, convoitise de la chair,...

Les autres armes du diable enfouies en nous et pour lesquelles nous ne faisons nullement attention, nous sont citées par le **Rév. ZACHARIAS TANEE FOMUM** et sont :

1. La fornication
2. L'adultère
3. Les pensées immorales
4. Le langage immoral
5. La pornographie
6. Le mensonge
7. La colère
8. Le courroux
9. La méchanceté
10. L'avortement
11. L'homosexualité
12. Le lesbianisme
13. L'amertume
14. Le manque de pardon
15. L'égoïsme
16. La convoitise
17. L'amour de l'argent
18. La cupidité
19. La jalousie
20. Les querelles
21. Les bagarres
22. L'esprit de vengeance
23. Le commérage
24. La médisance
25. Les blasphèmes
26. L'incrédulité
27. La raillerie envers les croyants
28. L'indifférence vis-à-vis de Dieu
29. Le vol
30. La tricherie
31. Les pourboires reçus
32. Les pourboires donnés
33. L'orgueil
34. L'esprit hautain
35. La lâcheté

36. Le meurtre
37. L'injustice
38. Le favoritisme
39. Le népotisme
40. La paresse
41. L'indiscipline
42. La dureté
43. Le manque de foi
44. L'instabilité
45. La désobéissance à la parole de Dieu
46. La désobéissance à Dieu
47. La désobéissance aux dirigeants
48. La désobéissance aux parents
49. L'envie
50. L'oisiveté
51. La gloutonnerie
52. L'ivrognerie
53. La sorcellerie
54. Les fétiches
55. La magie
56. Les sociétés secrètes
57. L'idolâtrie
58. La chiromancie
59. Les murmures
60. Le manque d'amour
61. La haine
62. La négligence
63. L'avarice
64. L'impolitesse
65. La vanité
66. Le culte du moi
67. La justification de soi
68. La louange de soi
69. Le mépris
70. La malhonnêteté
71. Etc.

Plusieurs chrétiens, pasteurs, évangélistes, docteurs, grands et petits à travers les âges sont tombés prématurément parce qu'ils n'ont pas pu fuir, esquiver ou dévier ces armes du méchant.

Et à ce sujet Paul écrit dans 1 corint.10 :13 « *Aucune tentation ne vous est survenue qui n'ait été humaine, et Dieu, qui est fidèle, ne permettra pas que vous soyez tentés au-delà de vos forces ; mais avec la tentation il préparera aussi le moyen d'en sortir, afin que vous puissiez la supporter* ».

Cela veut dire que les armes de l'ennemi sont humainement maitrisables, puisque christ a vaincu, nous aussi nous avec l'aide de l'Esprit du seigneur nous pouvons vaincre et demeurer dans la victoire.

SECTION 4. LE DIABLE S'ORGANISE

Vous devez le savoir

Le malin a pris tout son temps pour organiser son royaume en plusieurs étages, nous citons : les principautés, les pouvoirs, les dominateurs des ténèbres et les esprits méchants.

Pour les Guerriers de la prière, les intercesseurs et vous-même, la connaissance de l'organisation des étages diaboliques vous permettra de faire la vraie guerre à l'ennemi, dans ce combat le hasard et l'improvisation n'existent pas, beaucoup de chrétiens ont eu à produire beaucoup d'efforts hasardeux dans ce combat spirituel contraire à une stratégie qui produirait de meilleurs résultats.

Une bonne identification de ces niveaux de combat vous aidera à approfondir la connaissance sur les armes appropriées pour déloger l'ennemi sans avoir utiliser toutes les options possibles.

Au cours de la lecture, vous découvrirez les fautes, les erreurs que vous commettez dans le combat jusqu'ici, je pense que vous allez prendre les actions appropriées après avoir étudié ce livre.

Dans l'épitre de Paul aux Éphésiens, il est écrit : « Au reste, fortifiez-vous dans le seigneur, et par sa force toute puissante. Revêtez –vous de toutes les armes de Dieu, afin de pouvoir tenir ferme contre les ruses du diable.

Car nous n'avons à lutter contre la chair et le sang, mais contre *les dominations*, contre *les autorités*, contre les *princes de ce monde de ténèbres*, contre *les esprits méchants dans les lieux célestes*.

C'est pourquoi prenez toutes les armes de Dieu, afin de pouvoir résister dans les mauvais jours, et tenir ferme après avoir tout surmonté. **(Éphésiens 6 :10-13)**.

a. Les principautés.

Les principautés sont les princes sataniques chargés de contrôler les nations, les Etats, les régions ou les grandes organisations politiques, économiques, sociales, humanitaires...

-leur rôle principal : Influencer **les dirigeants terrestres**, les rois, les présidents, les Officiers d'Etat, les parlementaires, les sénateurs, les ministres, les législateurs, tout corps qui a une influence sur le peuple, les principautés infiltrent et gèrent les grandes organisations, manipulent et orientent leurs décisions.

-Objectif principal : En possédant les dirigeants, les managers, les leaders et meneurs des troupes, le diable sait qu'il gère le peuple indirectement, ainsi, il dirige l'entité, la province, la nation et l'organisation. Il a le temps et les moyens pour imposer sa culture, sa politique, ses pratiques démoniaques, ils poussent les peuples à adorer les faux dieux, ils influencent l'économie, le social, les mœurs et le commerce.

b. *Les Pouvoirs*

Le deuxième rang dans le royaume des ténèbres est appelé pouvoirs, il est le niveau gouvernemental de l'organisation satanique, les pouvoirs contrôlent de larges aires géographiques, régions, continent. Comme les principautés, ils cherchent à dicter la politique et manipulent le style de vie, le climat spirituel du territoire, ils influencent la vie émotionnelle du peuple, des hommes de Dieu, des serviteurs et servantes de Dieu sont manipulés par les pouvoirs.

-*Rôle principal* : Dictent la politique et influence la vie émotionnelle du peuple. Les hommes de Dieu, des serviteurs et servantes de Dieu sont manipulés par les pouvoirs pour leur écarter du chemin du salut et introduire l'hérésie dans le culte et dans les familles, surtout dans la vie du chrétien pour enfin semer le doute et la confusion.

-*objectif principal* : Les pouvoirs sont à l'origine du comportement immoral et indécent de la population des grandes villes. Ces pouvoirs se manifestent par les jeux, le vol, le viol, la luxure, le mensonge, la convoitise, les mauvaises influences et la fausseté.

Les mariages sont instables et de courte durée à cause du style de vie corrompue, sans référence ni modèle des citadins, les pouvoirs influencent de manière subtile les hommes de Dieu et serviteurs qui n'ont pas la vie de prière, qui n'ont pas d'intimité avec Dieu.

Ces hommes de Dieu sans Dieu, corrompus, et sans état d'âme, vivent sous la pression de la compétition, de la prostitution et utilisent beaucoup d'astuces et des raisonnements du diable pour se faire de l'argent afin d'acquérir des propriétés, des voitures de luxe, des femmes, des succès éphémères, dans le but de répondre aux exigences de l'environnement économique, politique et social pollué.

c. *Les Dominateurs des ténèbres*

Les dominateurs de ce monde de ténèbres gouvernent par le canal des trônes et des dynasties royales au niveau communautaire et au niveau urbain pour exercer le contrôle sur les villages, les rues, les quartiers et dictent les coutumes et les traditions de familles et de concessions, ils sont dans les lieux sacrés des familles, de clans, et du village.

-Rôle principal : Ils interfèrent et influencent les décisions du gouvernement, du parlement et dans les nominations aux postes de responsabilités.

Ces mauvais esprits sont responsables de la superstition, de prolifération des diseurs de bonne aventure, des faux enseignements, des fausses doctrines, ils contrôlent, planifient et supervisent les activités de l'astrologie, de la magie, de la sorcellerie, des manipulations occultes, des religions païennes, des enchantements, de la nécromancie, de la divination,...

-objectif principal : maintenir perpétuellement le peuple créé à l'image de Dieu dans l'esclavage spirituel, dans le doute et condamnation, ils introduisent tout genre de croyances superstitieuses dans l'église et la communauté et s'assurent que le peuple de Dieu s'égare par les faux signes et des faux prodiges qu'ils fabriquent.

d. Les Esprits méchants dans les lieux célestes

Ces esprits apparaissent souvent sous la forme d'anges de lumière et attrapent les moins forts et les faibles, ils sont très méchants et meurtries du royaume de ténèbres, ils s'imposent dans les plus hautes formes de religions.

Ces esprits sont récalcitrants, et une fois qu'ils attrapent un homme, un chrétien, un pasteur, un homme de Dieu ils l'entrainent dans la fausse doctrine il faudra l'intervention du ciel pour qu'il soit délivré de leurs mains.

- *Rôle principal* : Empêcher les gens à recevoir le salut, Ils viennent avec une sorte de piété pourtant, ils envoient leurs adeptes opérés dans les églises et dans les familles. Les puissances diaboliques gouvernementales utilisent les esprits méchants pour exécuter les complots, pour remplir les rues de violence, de prostitution et d'ivrognerie, ils infestent les familles et causent les violences domestiques.

-Objectif principal : Détruire les familles, dépraver les mœurs, dérouter l'église.

Section 5. Le chrétien combattant : un modèle

L'intercesseur du christ est le héros de la prière, le combattant spirituel est une personne de guerre endurcie, bien entrainée au combat, qui vit l'obéissance, la fidélité, la loyauté à Dieu seul. Et a appris à ne dépendre que de la volonté de Dieu par l'expérience acquise dans le combat et les autres domaines de la vie.

Il est celui qui écoute quand Dieu parle. Pour lui le combat spirituel peut être difficile, compliqué et rude, mais il n'a pas peur d'avancer, il n'abandonne jamais car il sait que le Tout Puissant est aux commandes.

Il ne fuira pas quand viendront les critiques, les commérages, la disette, la faim, et les manques de toutes sortes, il demeure fidèle à son engagement. Il est celui qui se tient toujours devant sa majesté et l'adore avec révérence et se soumet à son autorité en toute circonstance.

Il est le fidèle de Dieu, et Dieu rend témoignage à son sujet et c'est dans ces conditions que Dieu présente Job à Satan, « *As-tu remarqué mon serviteur Job ? Il n'y a personne comme lui sur la terre ; c'est un homme intègre et droit, craignant Dieu, et se détournant du mal* » et quand est-ce le Dieu tout puissant parlera de toi en ces termes si chères et confiants ?

Vous êtes peut être issu d'une famille frappée par la pauvreté, par la stérilité, par les maladies, par les conflits, par les querelles, par les blocages, par le chômage...

Vous ne devez pas répéter la même histoire mauvaise de votre famille, vous n'êtes pas là pour reproduire les mêmes histoires méchantes de votre père, de votre mère, ou de votre famille. Vous aurez de l'espoir que si vous coopérez intimement avec Dieu.

CHAPITRE 7. LE NIVEAU PERSONNEL DU COMBAT INVISIBLE

C'est ici que se trouve la complexité du combat spirituel, c'est le niveau où la guerre se déroule en vous, pour vous, par vous et avec vous, personne ne livrera ce combat à votre place, même pas ton pasteur, la maitrise du combat personnel vous qualifiera et vous préparera pour les autres combats à venir.

Le niveau personnel du combat invisible est celui où nous luttons pour remporter des victoires, pour gagner la liberté individuelle et recouvrer notre destinée. Vous aurez de l'espoir seulement si vous coopérez avec Dieu

Au niveau personne du combat, vous n'aurez de l'espoir que si vous coopérez intimement avec Dieu

Vous êtes peut être issu d'une famille frappée par la pauvreté, par la stérilité, par les maladies, par les conflits, par les querelles, par les blocages, par le chômage. Vous ne devez pas répéter la même histoire mauvaise de votre famille, vous n'êtes pas là pour reproduire les mêmes histoires diaboliques et méchantes de votre père, de votre mère, ou de votre famille.

Vous devez combattre pour libérer et causer la révolution dans votre lignée, vous devez vous battre pour libérer votre progéniture, pour libérer vos enfants, pour libérer vos petits-enfants, pour libérer votre situation financière, pour libérer votre santé. Toute fois faite cette déclaration   avec moi :

« Je ne mourrai pas dans cet état, je dois changer les cours de chose, je dois changer cette situation » Bien aimés, les hommes et les circonstances pourraient vous avoir placés dans des conditions embarrassantes mais vous ne devez pas mourir dans cet état.

Peut-être votre famille est à la base, peut-être aussi votre père a fait des sacrifices aux démons, ils ont peut-être collecté de la poussière issue de vos pieds, ils ont peut-être utilisé votre vêtement, sous vêtement ou autre objet intime pour vous nuire, peut-être, ils vous ont mis dans une bouteille maléfique et prédit que vous n'accompliriez jamais rien de bon dans la vie.

Vous investissez beaucoup dans les études mais au bout de rouleau vous échouez lamentablement, vous avec beaucoup des qualifications, mais vous ne trouvez jamais d'emploi, beaucoup de vos camarades se sont mariés et vous ne l'êtes pas, quand bien même vous pouvez vous mariez, vous n'avez pas d'enfants.

Bien aimé, c'est le niveau où le combat spirituel devient sérieusement personnel, c'est à vous de décider de vaincre, c'est à vous de lutter, c'est à vous de veiller, c'est à vous de prier pour vous-même, c'est à vous et à vous seul de jeuner, de combattre et de remporter des victoires, levez-vous, bagarrez-vous avec l'ennemi et entrez dans votre destinée, n'ayez pas peur, Jésus a vaincu et vous aussi, vous allez vaincre.

L'Apôtre Paul s'adressant aux corinthiens affirme « si nous marchons dans la chair, nous ne combattons pas selon la chair. Car les armes avec lesquelles nous combattons ne sont pas charnelles ; elles sont puissantes, par la vertu de Dieu, pour renverser des forteresses. Nous renversons les raisonnements et toute hauteur qui s'élève contre la connaissance de Dieu et nous amenons toute pensée captive à l'obéissance du Christ » (2 Corinth. 10 :3-5).

Vous allez devoir traiter avec précaution les différentes avenues que le diable pourrait utiliser dans votre vie pour vous combattre, tous les éléments dans les versets ci hauts cités, se trouvent entre vos mains, dans votre intérieur.

SECTION 1. LE DIABLE ATTAQUE ET CONTROLE VOS PENSEES

Le combat spirituel commence dans notre pensée parce que c'est le plus grand champ de guerre qui n'ait jamais existé, Il est important que vous fassiez attention car si le diable vous met en échec dans votre pensée, vous êtes totalement vaincu. Le diable sait que Dieu connait parfaitement l'objet de vos pensées et ne vous jugera pas seulement selon vos paroles mais également selon les pensées de votre cœur.

C'est pourquoi dans Proverbes. 4 :23-24 il est écrit « Garde ton cœur plus que toute autre chose, car de lui viennent les sources de la vie. Ecarte de ta bouche la fausseté, éloigne de tes lèvres les détours » tu as tout intérêt à garder tes pensées pures, de les orienter vers les pensées de Dieu, ainsi votre vie sera épargnée. Le diable fera tout pour semer dans votre cœur des pensées et des idées qui contredisent la parole et les pensées de Dieu en vous, il troublera votre paix intérieure, raison pour laquelle toute pensée contraire à la volonté divine doit être repoussée.

Bien aimés, nous avons déjà la prescription biblique sur le type de pensées que nous devons entretenir dans notre cœur : « *Au reste frère, que tout ce qui est vrai, tout ce qui est honorable, tout ce qui est juste, tout ce qui pur, tout ce qui est aimable, tout ce qui mérite l'approbation, ce qui est vertueux et digne de louange, soit l'objet de vos pensées* ».

Vos pensées reflètent de façon directe ce que vous faites de vos yeux, de vos oreilles, et de votre bouche. Psaumes 10.4, 2Corint.10.5, 1Pierre 1.13.

Lorsque le diable contrôle vos pensées, vous n'allez pas réaliser le besoin de Jésus, ni recevoir son salut. Le diable va orienter toute votre vie vers lui, de manière à ce que vous n'arriviez plus à faire le bon choix, à briller et ressembler à Christ sera une condition impossible.

La question qu'il faut se poser est : qu'est-ce que je fais de mes pensées ? Est-ce que je les rends toutes prisonnières à christ ou bien elles m'emprisonnent ? Il faut par ailleurs apprendre à demander à Dieu chaque jour de protéger ton esprit et à diriger tes pensées. Inviter le saint esprit à prendre le contrôle de tes pensées.

SECTION 2. LE DIABLE ATTAQUE VOTRE CORPS

L'homme a un désir ardent de mener une vie juste, organisé et sans douleur, mais il en est incapable de vivre ainsi, et cède toujours à la tentation, vous devez consciemment invoquer le seigneur pour qu'il vous délivre des chaines de l'ennemi, qu'il vous éloigne des attaques physiques, visibles et invisible du malin.

Il est probable que chaque fois que vous tentez d'avancer, l'ennemi suscite tout genre de méchantes accusations contre vous. Vous avez raison de revenir au seigneur car seul son conseil pour votre vie tiendra, seul son appui vous couvrira.

Fuyiez les œuvres de la chair, vous ne pouvez pas être efficient dans le combat spirituel si vous participiez à l'occultisme, à la magie, à la sorcellerie, avec ces pratiques vous donnez votre accord aux anges déchus d'habiter en vous. Allez et vivez la plénitude du saint esprit, le diable fuira loin de vous.

Soyez prudent, tout livre, toute bague, tout bijou, toute amulette, tout habit, toute montre, et autre instrument du diable doivent être brulés. Toute trace de ces objets ouvrira la porte au diable et rendra votre victoire incertaine. **Le moment c'est maintenant**, *il est de votre pouvoir de vous lever et de commander au diable d'arrêter de gâcher votre vie, votre mariage, vos affaires, votre ministère, il doit lâcher sa prise car son temps est expiré.*

Dans **Romains 7 : 18-23,** nous sommes avertis en ces termes : « Ce qui est bon, je le sais, n'habite pas en moi, c'est-à dire dans ma chair, J'ai la volonté et non le pouvoir de faire le bien, car je ne fais pas le bien que je veux, et fais le mal que je ne veux pas, mais je vois dans mes membres une autre loi, qui lutte contre la loi de mon entendement, et qui me rend captif de la loi du péché, qui est dans mes membres ».

SECTION 3. CHANGER VOTRE FAÇON DE PENSER

Une fois recruté dans l'armée, comme un bon combattant, il est de votre responsabilité d'arrêter et d'assujettir toute pensée qui s'élève contre la connaissance de Dieu. Vous pouvez le faire car c'est possible une fois que votre foi est ferme. Je vous fais savoir que vous n'êtes plus un civil mais un combattant, un militaire engagé au front.

Le Tout Puissant veut que les confessions de votre bouche s'accordent avec les pensées de votre cœur puisque le niveau de votre foi est déterminé par la confession venant de votre cœur. Et Paul ajoute : « notre victoire est notre foi qui triomphe du monde ».

Cette foi n'émane que de notre pensée ou du cœur. Demander à Dieu de vous transformer, de changer votre pensée, votre mariage, de vous fortifier par la plénitude de sa puissance. Permettez-lui de vous utiliser pour sa gloire.

Possédant la vie d'un soldat, votre vie est spéciale et votre cas aussi est particulier, vous avez les armes, les tactiques et les réflexes d'un militaire, moindre erreur, moindre inattention tu es perdu, le militaire au front ne joue pas lorsqu'il s'agit de la guerre, il sait que moindre distraction, sa vie peut basculer en une seconde, il doit demeurer sage, prudent et discipliné.

SECTION 4. CONTROLER VOTRE FAÇON DE PENSER

De toutes les créatures vivantes, seul l'homme a la faculté de penser, de réfléchir. Les philosophes comme les autres spécialistes en développement humain sont unanimes sur le fait que la pensée de l'homme est une véritable FORCE enfouie en lui.

Dale Carnegie que cite Lucien Soya dans « les secrets de l'excellence » affirme : « *Pensez bonheur et vous serez heureux, pensez succès et vous réussirez* ». C'est ainsi que l'Empereur Romain Marc-Aurèle confirme quand il dit : « notre vie est ce que nos pensées en font ».

Quand nous disons pensées, nous faisons allusion aux sentiments les plus profonds de nous-même, aux émotions intérieures les plus fortes, si nos pensées sont bonnes, nous attirons de bonnes choses. L'exemple de Job nous enseigne tout à ce sujet. Job 3 :25 « ce que je crains ce c'est qui m'arrive ; ce que je redoute, c'est ce qui m'atteint »

Bien aimé, votre avenir dépend des pensées que vous avez aujourd'hui, c'est pourquoi vous devez veiller à ce que vos pensées soient toujours positives. Toutes les grandes inventions ont été d'abord aperçues en esprit c'est-à-dire par la pensée avant de devenir réalité. Proverbes. 4 :23-24 ajoute ceci : « Garde ton cœur plus que toute autre chose, car de lui viennent les sources de la vie. Ecarte de ta bouche la fausseté, éloigne de tes lèvres les détours ».

CHAPITRE 8. CHAPITRE VIII. PERSONNE NE REUSSIT DANS CE COMBAT PAR ACCIDENT

La vie n'a jamais été le fruit du hasard pas même un accident de parcours, elle est une création délibérée du créateur. C'est pourquoi tous ceux qui entreprennent des actes réfléchis réussissent. Personne ne réussit par accident. Rien de grand ne se produit tout seul, il n'y a aucune élévation sans prix à payer. Sans réaction il n'y a pas de mouvement, et sans mouvement il n'y a pas de changement de position.

De lors que tu es combattant, soldat de l'armée et vit quotidiennement au front, ta vie devient un combat dur à mener au quotidien, moindre relâchement, moindre inattention, moindre distraction tu as perdu.

Fixe ton regard sur Jésus-Christ, rappelles-toi l'histoire du serpent d'airain dans le désert, le seul choix à faire c'est de demeurer ferme et vivre la gloire de Dieu, peu importe le temps que ta délivrance durera, peu importe les tournures du combat, toi fais ta part, lui, il est juste et fidèle. Il ne te confondra jamais avec quelqu'un d'autre.

Garde ta position en christ, sois fort et déterminé prend courage et ne chancelle pas. Arme-toi de toutes les armes de Dieu à ta disposition, Dieu le Tout Puissant, ton créateur s'élèvera le dernier, car il règne pour toujours et il gère le temps et la circonstance.

Cependant, garde toi pur, irréprochable et recherche la sanctification en toute chose, tu as été choisi dès le commencement pour un but, pour un objectif à atteindre, pour une vie meilleure et comblée, cela veut tout simplement dire que ton avenir a été déjà écrit, tes problèmes et difficultés te pousseront à maintenir le cap, et à voir avec les yeux de la foi.

Saisir une fois pour toute que Dieu est a la commande de toute chose pour toi. Alors ne promène pas de regards inquiets. Je te rappelle aussi, que Dieu est tout ce que la parole de Dieu dit qu'il est.

SECTION 1. VA AUPRES DE LA FOURMI ET OBSERVE

L'histoire biblique de la fourmi est une illustration enrichissante de la situation des hommes et des femmes pour les générations futures. Prov.6.6 :9 *va auprès de la fourmi, toi qui est paresseux ; considère ses voies, et deviens sage : elle qui n'a pas de guide ; ni surveillant, ni chef ; durant l'été, elle prépare sa nourriture au temps de la moisson, elle amasse ses provisions. Et toi, paresseux, combien de temps vas-tu rester couché ?*

La fourmi ne désarme pas, elle ne se décourage pas, elle est sage, elle voit l'avenir et calcule les risques de demain et persévère. Dans la course de la vie, seuls ceux qui consentent à payer le prix gagnent et verront la lumière. Il n'y a pas de sacre sans sacrifice. Tout effort supplémentaire à servir pour une cause juste paye toujours dans la vie. Tout changement vers le haut exigera toujours l'application d'une force propulsive.

Je suis certainement d'accord que certaines choses peuvent changer avec le temps. Mais je sais également que le temps à lui seul ne change rien si l'on ne fait attention aux petits détails de la vie. C'est bien d'avoir les ailes pour voler et monter très haut, mais rassures-toi que tes jambes sont fermes pour bien te soutenir.

SECTION 2. ETRE DISCIPLINE ET AVOIR DU CARACTERE

Je crois que la discipline pour un chrétien est le capital à payer pour tout changement désiré, elle se définie comme faire ce qui est indispensable en vue d'obtenir ce qui est désiré. Elle rend les choses plus accessibles, donne du succès aux faibles, et de l'estime à tous. Dans notre société moderne, la discipline à mauvaise presse.

Certains la considèrent comme un obstacle au bonheur.

Une discipline personnelle efficace aura pour effet :

-une meilleure capacité à atteindre ses objectifs ;

-une meilleure estime de soi ;

-une meilleure gestion de stress ;

-un plus grand respect des autres...

Pas étonnant que le Dr Frederik K. C. Price ait dit : « *si vous échouez, c'est votre faute, si vous réussissez, c'est encore la vôtre ». Notre cheminement dans la vie est d'abord fait des victoires sur nous-mêmes.* Demeurez ferme, courtois, poli et joyeux en toute circonstance de la vie, peu importe la situation qui se trouve devant toi. Ne tremble pas, ne crains rien, car Dieu te rassure son soutien à tout moment. Chaque objectif louable nécessite des efforts. Par ailleurs, rien ne rapporte plus de bénéfices que d'investir en soi-même.

Le caractère joue également un rôle très important dans notre vie, c'est lui qui nous rend agréable ou désagréable vis-à-vis des autres, c'est en fonction du caractère que les autres nous jugent.

Psaumes 15 donne les caractères du chrétien et dit : « O ! Eternel qui séjournera dans ta tente ? Qui demeurera sur ta montagne sainte ?

-Celui qui marche dans l'intégrité, qui pratique la justice et qui dit la vérité selon son cœur. Le chrétien qui marche dans l'intégrité est celui dont les actions sont justes devant Dieu.

Il ne prêche la justice, il la vit, il dit la vérité selon son cœur, ce qui sort dans sa bouche est ce qui qu'il a dans le cœur, il n'a pas des détours dans son langage ni dans sa vie.

-Il ne calomnie point de mal à son semblable, Et il ne jette pas point l'opprobre sur son prochain. Il ne parle pas derrière le dos des gens. Si vous allez le voir et que vous lui dites du mal de son ami, il ne vous écoute pas. Il a la vraie éthique chrétienne.

-Il regarde avec dédain celui qui est méprisable, mais il honore ceux qui craignent l'Eternel ; il ne se rétracte point, s'il fait un serment à son préjudice. Il ne courbe pas devant le méchant

- Il n'exige point d'intérêt de son argent, Et il n'accepte pas de don contre l'innocent. Il n'accepte pas de pot-de-vin aux dépens de l'innocent.

Et la Bible dit : « Celui qui se conduit ainsi ne chancelle pas » une telle personne est inébranlable.

SECTION 3. TU DOIS AIMER LA VIE

Celui qui n'aime pas la vie ne la mérite pas

Le bonheur de la vie c'est avoir une conscience pure et irréprochable dans toutes les circonstances de la vie, il est aussi la pratique de la vertu ou encore l'art de ne pas être malheureux, celui qui n'aime pas la vie ne la mérite pas, tout individu normal et conscient est attaché à la vie.

Comprenez que l'amour est la plus grande de toutes les vertus dont l'homme est appelé à vraiment user, car l'amour peux tout. Tu dois aimer la vie, car elle est vraie et meilleure mais son seul défaut c'est d'être trop courte. Plus que les jeunes, les vieillards désirent continuer à vivre le plus longtemps possible. Si tu veux être heureux, il faut d'abord te former un bon caractère, un bon environnement, un bon sens, un caractère difficile attire toutes sortes d'ennuis.

Ne permettez à aucun souci ni à aucune peine de vous faire perdre de vue votre bienheureuse espérance, votre foi. Le soleil continue à luire, si même vous ne le voyez pas, et l'Eternel accomplit ses œuvres de miséricorde au moment même où ses voies nous semblent les plus mystérieuses. N'empoisonne pas ta vie avec les émotions négatives et pensées éphémères : la peur, la crainte, la colère, l'angoisse, la nervosité, la tristesse, l'alcoolisme, le tabagisme, l'agitation et la rancœur.

SECTION 4. SOIS CONTINENT

Le bonheur ou le malheur de notre vieillesse sont des épisodes de votre passé.

C'est dans votre jeunesse que vous devriez préparer votre vieillesse, le bonheur ou le malheur de notre vieillesse sont des épisodes de votre passé. Les abus sexuels, et surtout les excitations sexuelles, réduisent la capacité de travail, les possibilités de développement physique, la résistance aux maladies, la vitalité générale. Sois fidèle à ton conjoint pour la santé et la longévité. L'une des passions de la chair dont tu dois éviter c'est celle des plaisirs sexuels, des pratiques sexuelles exagérées.

Le premier pas de celui qui veut réussir dans la vie consiste à apprendre à se connaitre, vous disposez des véritables talents pour faire et vivre bien. Cependant celui qui veut vraiment réussir doit se fixer des objectifs nobles et se battre pour les atteindre.

SECTION 5. AVOIR LA CONSCIENCE PURE

Lorsque nous avons une conscience coupable, notre foi devient faible et fragile,

Une conscience pure est essentielle à la foi. Paul parle de conserver le mystère de la foi dans une conscience pure, lorsque nous avons une conscience chargée ou coupable, notre foi devient faible et fragile, c'est comme si nous avions constamment un lourd fardeau sur les épaules.

1 Jean 3.21, 22 dit : Bien aimés, si notre cœur ne nous condamne pas, nous avons de l'assurance devant Dieu. Quoi que ce soit que nous demandions, nous le recevons de lui, parce que nous gardons ses commandements et que nous faisons ce qui lui agréable.

Notre conscience demeure l'endroit où Dieu exprime sa volonté et sa sainteté. C'est là que Dieu montre ce qu'il pense, la conscience demeure cette fenêtre pour notre esprit et c'est par elle que brille la lumière de Dieu, inondant notre âme de sa lumière et de sa vérité.

La conscience s'occupe aussi bien du passé que de l'avenir. Elle nous condamne quand nous avons fait le mal, mais elle nous avertit aussi quand nous sommes sur le point de faire quelque chose qui déplait au seigneur. Bien aimés, nous ne devons pas laisser l'opinion d'une autre personne remplacer notre conscience.

Paul renchérit dans Romains 14.23 « Tout ce qui n'est pas le produit d'une conviction est péché », cela veut dire que nous ne devons pas discuter avec notre conscience ou avec notre intelligence égoïste. Vous aurez besoin de beaucoup de courage et de détermination.

SECTION 6. NE JAMAIS FAIRE TAIRE VOTRE CONSCIENCE

Par la persuasion personnelle de la conscience quelqu'un peut essayer de se convaincre lui-même qu'une chose est bien parce qu'elle semble si raisonnable, un autre chrétien pourra t'amener à penser et ou à faire une chose comme lui le fait, mais si votre conscience condamne cela, c'est que c'est mal pour vous, chaque fois que vous croyez qu'une chose n'est pas la volonté de Dieu pour vous, vous ne devez pas la faire.

Nous ne devons jamais faire taire la voix de notre conscience, car elle représente la volonté de Dieu pour nous. Vous ne saurez jamais faire taire votre conscience ou l'apaiser en faisant beaucoup des bonnes œuvres. Une telle personne croirait que s'il n'obéit pas à Dieu, il pense que ce qu'il fait est tout aussi bien ou mieux que ce que Dieu lui demande de faire.

Il essayera de faire taire sa conscience en donnant de l'argent pour l'œuvre de Dieu, en construisant les temples et Eglises, en aidant financièrement les plus démunis. Toutefois, s'il est désobéissant, ces œuvres n'auront aucune valeur aux yeux de Dieu.

Dieu ne regarde pas les bonnes œuvres, les bonnes intentions, encore moins la somme colossale d'argent que nous donnons pour sa cause, mais seulement notre obéissance et notre honnêteté.

SECTION 7. CULTIVE LA PATIENCE

La patience demeure l'un des plus grands secrets de la vie chrétienne et du succès. La précipitation et l'empressement sont souvent sources d'erreurs, de fautes et les conséquences incalculables. En étant patient dans la vie, on prend le temps de bien voir les choses, d'apprécier, et de bien comprendre avant d'agir. En agissant ainsi, on évite de commettre des erreurs dont les conséquences pourraient nous suivre toute la vie. Un proverbe populaire souligne « Celui qui va lentement va surement, celui qui va surement va loin »

Quand un sportif veut glaner des trophées à tout prix, il s'entraine avec abnégation, persévérance et surtout avec patience. Pour réussir il y a un prix à payer et la patience est un élément non négligeable de ce prix à payer. Celui qui ne sait pas patienter sera toujours angoissé, stressé, colérique, touchant à tout pour réussir, il ne pourra pas accéder à l'excellence car pour être excellent, il faut cultiver la vertu de la patience. Le temps oublie facilement les efforts humains consentis sans lui.

Si nous voulons réussir, être excellent, nous devons compter avec le temps, apprendre à être patient. Etre patient c'est accepter les souffrances et les sacrifices et parfois les humiliations pour être heureux plus tard. C'est accepter les conditions des semailles d'aujourd'hui pour récolter avec joie demain et dans les bonnes conditions.

SECTION 8. ETRE REGULIEREMENT CONDUIT PAR LE SAINT ESPRIT

Le Saint-Esprit a un ministère puissant, clé et essentiel pour tout combat spirituel et toutes les autres oppositions, celui d'être notre guide. Il a été envoyé par Dieu pour nous conduire à travers la vie. Jésus affirme cela dans Jean 16 :13,

« Quand le consolateur viendra, l'Esprit de vérité, il vous conduira dans toute la vérité ; car il ne parlera pas de lui-même, mais il dira tout ce qu'il aura entendu, et il vous annoncera les choses à venir ». Pour vivre et être enfant de Dieu, il faut être conduit par son Esprit.

Tu ne peux pas prétendre être enfant de Dieu et être en même temps conduit par un autre esprit, cela ne marche pas ainsi, soit c'est le Saint Esprit qui te conduit ou c'est le diable

C'est ce que Paul confirme dans Romains 8 :14 « car tous ceux qui sont conduits par l'Esprit de Dieu sont fils de Dieu » Mais, une fois que nous sommes nés de nouveau, nous devons être régulièrement conduits par le Saint-Esprit pour atteindre la maturité et devenir mûrs

La triste réalité aujourd'hui, c'est que beaucoup de chrétiens, réellement nés de nouveau ne continuent jamais en étant conduits par le Saint-Esprit et en conséquence, ils n'arrivent jamais à la maturité ils ne sont pas pleinement équipés pour le combat.

SECTION 9. AVEZ-VOUS BESOIN D'UNE CARTE OU D'UN GUIDE ?

Cette parabole nous vient du Pasteur Derek Prince. Supposez que vous ayez besoin de trouver le chemin vers une destination lointaine du pays, un endroit où vous n'êtes jamais allé. Dieu vous donne deux meilleures options. Vous pouvez avoir une carte ou un guide personnel.

Vous êtes fort. Vous êtes intelligent. Vous avez confiance en vous. Vous répondez : « je sais bien lire une carte. Je prends la carte.» connaissant la bonne direction à prendre, vous vous lancez sur la route. Le soleil brille, les oiseaux chantent et vous vous sentez heureux. Vous pouvez vous dire : « C'est facile ! C'est du gâteau »

Trois jours plus tard, vous êtes au milieu de la jungle. Il est minuit. Il pleut. C'est dur! De plus, vous êtes au bord d'un précipice. Vous ne savez plus si vous vous trouvez au nord, au sud, à l'est ou à l'ouest. Mais une voix vous dit : « puis-je te guider ? » et vous répondez : « J'ai besoin de toi ! J'ai besoin de toi »

Le guide vous dit : « Donne-moi ta main, je vais te sortir de là » un moment plus tard, vous et votre guide êtes sur la route marchant ensemble côte à côte.

Alors vous vous dites que vous avez été stupide de paniquer autant, simplement parce que vous étiez dans la jungle. Vous auriez pu vous en tirer. Vous vous retournez vers votre guide pour le lui dire, mais il n'est plus là ! Vous haussez les épaules et pensez que vous allez vous débrouiller seul et vous remettez en route.

Deux jours plus tard, vous êtes au milieu d'un marécage dans lequel vous vous enfoncez un peu plus à chaque pas. Vous ne savez quoi faire ! Vous vous dites : « je ne peux pas demander à nouveau de l'aide.

A cet instant, vous découvrez, à votre étonnement que le guide est juste à côté et vous dit encore une fois : « laisse-moi vous aider » et puis vous repartez une fois ensemble.

A ce stade vous vous souvenez de la carte et vous l'offrez au guide en lui disant : « Vous en aurez peut-être besoin »

Mais le guide répond : « Je connais le chemin, je n'ai pas besoin de carte. » puis il ajoute : « En fait, c'est moi qui ai fait la carte ». La carte symbolise bien entendu la loi, elle est parfaite. Chaque détail est exact, chaque renseignement géographique est correctement indiqué. C'est à vous de décider : « Je ne prendrai pas la carte. Je vais faire confiance à mon guide.

Qui est le guide personnel ? Le Saint Esprit bien sur

Combien de fois ferons-nous confiance en notre propre sagesse, à notre intelligence, ignorant ainsi le Saint esprit ?

CONCLUSION.

En terminant ces pages nous voulons remettre ce livre, avec tout l'amour que notre cœur peut contenir, entre les mains de celui que nous aimons par-dessus tout : Dieu. A lui seul, toute la gloire, la louange, l'honneur pour l'éternité.

Ce livre ne doit pas être simplement survolé pour obtenir un bref aperçu du combat chrétien que nous livrons au quotidien, il mérite d'être lu et réélu dans la prière. Aujourd'hui, la vie de chrétiens est en contradiction avec l'évangile qu'ils proclament, les chrétiens sont devenus moins exigeants, moins forts dans le combat, ils ne combattent plus avec fermeté ainsi, ils vivent, ils agissent et réagissent comme si Dieu, le TOUT PUISSANT était absent dans leur vie, cela ne doit pas continuer ainsi. Ils doivent savoir que la plus grande affaire de la vie et le plus grand combat que nous devons à remporter tout prix est celui de se préparer pour la prochaine vie, la meilleure vie. Cela demande des sacrifices énormes, des dures épreuves.

Ce livre dévoile les malices du diable mettant à nu l'appât que le malin utilise pour piéger les âmes innocentes de Dieu. Ce guide de connaissance de soi d'une part et de votre adversaire de l'autre part, vous aidera à surmonter les oppositions, les mensonges du diable et toutes les contradictions de la vie, pour ainsi devenir vainqueur à l'image du vainqueur parfait de DIEU, Jésus Christ.

Je peux néanmoins affirmer aujourd'hui que je suis continuellement conscient de la présence de Dieu dans mes combats, et suis convaincu que je suis dans le bon chemin. Cher lecteur, peu importe comment peut paraître votre situation aujourd'hui, compliquée et impossible soit-elle, celle-ci, ne dictera pas votre avenir.

Vos échecs, vos pleurs et vos crises ne présupposent pas que vous êtes condamné à un avenir sans espoir et quelques soient les choses qui peuvent arriver dans cette bataille, même si vous désespérez de rester en vie, vous serez toujours au centre de l'amour de Dieu et sous sa bonne garde.

La guerre n'est pas encore à son terme soit conscient, Satan sait quel sera le résultat final. C'est pourquoi Il prend plaisir à livrer une lutte sanglante contre vous qui aspirez au royaume de la lumière en fin de causer de grands dommages au royaume de Dieu. Jésus-Christ a combattu et vaincu pour vous. Croyez-le et agissez comme tel.

Revêtez-vous de l'armure de la foi et vous allez vaincre quel que soit la situation, quel que soit le combat, et vous allez confondre vos ennemis qui avaient des pronostiques négatives sur vous. Malgré cette colère de l'ennemi contre l'humanité, nous pouvons toujours nous réjouir parce que Dieu ne nous a pas laissé sans puissance, il nous a donné toute sa puissance en Jésus Christ.

Nous publions ce livre en priant le seigneur de l'utiliser pour susciter plusieurs chrétiens au combat spirituel dans le but de satisfaire le cœur du seigneur, le vainqueur parfait de Dieu.

Dans tes bras éternels, Dieu Fort d'éternité,

Tu nous tiens à l'abri du vent, de la tempête ;

Car nous t'appartenons et tu nous as été,

Dieu sauveur, d'âge en âge une haute retraite.

EPILOGUE

Je souhaite attirer l'attention du lecteur sur le fait que je ne suis pas un écrivain professionnel. Je m'excuse si, je n'ai pas été très clair dans certains passages. J'ai appris en cherchant dans la parole de Dieu et en me laissant guider par le Saint-Esprit.

Merci.

Me voici !

Je ne suis pas quelqu'un d'extraordinaire, je n'ai' pas des millions en banque, je n'ai pas des grands diplômes, je n'ai pas à mon actif des évènements sordides à vous raconter, je suis un Congolais d'âge moyen, marié à une femme qui est plus extraordinaire que moi. Nous avons quatre splendides enfants qui m'apportent une joie immense, j'ai quelques cheveux blancs clairsemés, je ne suis pas riche, je ne suis pas célèbre.

Mais... je suis un combattant, un guerrier, un intercesseur du Christ, qui a un message à vous donner, un message qui brule dans mon cœur comme un feu dévorant et je me fatigue à essayer de le retenir, sans y parvenir, ce message vient d'un désir profond de vous faire connaitre Dieu, vous le faire connaitre comme :

-*notre Dieu,*

-*notre Père et surtout*

-*et notre Ami.*

De vous faire savoir qu'il est réellement présent, qu'il existe réellement, qu'il n'est pas le résultat d'un concept, d'une passion, d'une émotion ou d'une intelligence supérieure, d'un sentiment quelconque, qu'il est là dans nos luttes et tourments, dans notre quotidien, dans notre combat et à chaque étape de notre vie il est là.

Mais pourquoi Dieu veut que nous combattions spirituellement ?

-Parce que ce combat nous permet de demeurer en sa présence.

-Parce que ce combat nous rappelle que nous sommes des soldats, enrôlés et engagés au front.

-Parce que ce combat nous rappelle que nous sommes victorieux,

-Parce que ce combat confirme notre foi et nous rassure un avenir meilleur ;

-Parce que ce combat nous rappelle notre identité ;

-Parce que ce combat nous vivifie en christ le vainqueur parfait de Dieu...

Je suis juste un ami, qui dit à un ami ce qu'il a appris au cours de son périple.

Joseph MBUYI NTAMBUA

TABLE DES MATIERES

DEDICACE 3

PREFACE 5

INTRODUCTION 7

CHAPITRE 1.   L'IMMINENCE DE LA GUERRE SPIRITUELLE 11

   SECTION 1.   PRENDRE CONSCIENCE DE L'EXISTENCE DE LA GUERRE   12

   SECTION 2.   POURQUOI COMBATTRE ? LES RAISONS DE LA GUERRE SPIRITUELLE 14

   SECTION 3.   COMMENT COMBATTRE ? 16

   SECTION 4.   LA CONNAISSANCE DE L'ENNEMI : LE DIABLE 20

   SECTION 5.   LES STRATEGIES DU DIABLE 21

     Le diable attaque par le rugissement et par la ruse 21

     La tromperie : est le principal moyen d'action du diable 23

   SECTION 6.   POURQUOI DIEU CREE UN TEL ENNEMI ? 25

   SECTION 7.   LE DIABLE EN DESACCORD AVEC LE PLAN DE DIEU   26

   SECTION 8.   L'EVANGILE PRECHE AUJOURD'HUI 28

   SECTION 9.   DEMEURER DANS L'EGLISE POUR LE COMBAT ET NON POUR LA CARRIERE 31

   SECTION 10. SATAN NE T'AIME PAS 32

   SECTION 11. L'INCONTESTABLE AUTORITE DE DIEU 34

   SECTION 12. POURQUOI DIEU CREE L'HOMME 37

   SECTION 13. LE POUVOIR ET L'AUTORITE DU CHRETIEN 39

   SECTION 14 : CREER PAR DIEU ET POUR DIEU 42

CHAPITRE 2.	L'HOMME PECHEUR	45
SECTION 1.	LES CONSEQUENCES INEVITABLES	47
SECTION 2.	LE PECHE, ILLUSION MORTELLE	52
SECTION 3.	L'IMAGE DE DIEU DEFORMEE	54
CHAPITRE 3.	DIEU VIENT RETABLIR L'ALLIANCE	56
SECTION 1.	DIEU DEMEURE L'AMOUR SANS EXEMPLE	57
SECTION 2.	DIEU N'EST PAS RESTE INSENSIBLE.	62
SECTION 3.	L'APTITUDE DE DIEU A REPONDRE PROMPTEMENT.	64
SECTION 4.	L'IMPORTUNITE DANS LA PRIERE	64
SECTION 5.	DIEU L'A OFFERT EN SACRIFICE	67
SECTION 6.	DIEU EST DERRIERE SES PROMESSES	68
SECTION 7.	DIEU DEMEURE FIDELE	69
SECTION 8.	DIEU PROPHETISE SUR LA GUERISON PHYSIQUE	71
SECTION 9.	MIEUX VAUT ETRE SON AMI QUE SON SERVITEUR	74
SECTION 10.	APPRENDRE A REVEILLER LE MAITRE	75
SECTION 11.	LE COMBAT DE L'OBEISSANCE	76
SECTION 12.	L'HARMONIE INTERIEURE	77
CHAPITRE 4.	TON COMBAT : FERME TOUTE PORTE D'ENTREE.	79
SECTION 1.	FERMEZ-LUI L'ACCES	82
SECTION 2.	L'INIQUITE DU PERE SUR LES ENFANTS.	83
SECTION 3.	L'INFLUENCE DE LA TELEVISION, DE LA MUSIQUE ET DES JOUETS.	86
SECTION 4.	L'ORGUEIL ET L'ARROGANCE	87
SECTION 5.	L'IDOLATRIE ET LA SORCELLERIE	88

SECTION 6. L'IMPUDICITE ET L'IMMORALITE 91

SECTION 7. LA PROMISCUITE SEXUELLE 92

SECTION 8. LES INCISIONS ET AUTRES DESSEINS SUR LE CORPS 94

SECTION 9. LES AUTRES PRATIQUES SEXUELLES EXTREMES ... 95

SECTION 10. ATTENTION A L'ADDICTION DE LA PORNOGRAPHIE 100

SECTION 11. NE SOIT PAS UN CHRETIEN IRRESOLU 103

CHAPITRE 5. LE COMBAT DE LA FOI 107

SECTION 1. LA FOI 108

SECTION 2 : LA BATAILLE DE LA VIE OU LE COMBAT DE LA FOI . 110

SECTION 3. IL VOUS SERA FAIT SELON VOTRE FOI 112

SECTION 4. LA REPENTANCE 114

SECTION 6. LEVE-TOI DANS LA PRIERE 118

SECTION 7. DIEU TE SOUTIENDRA DANS CE COMBAT. 121

SECTION 8. LES CHAMPIONS SONT CEUX QUI TOMBENT 122

SECTION 9. DECLARE LA VICTOIRE DANS LA FOI 123

SECTION 10. LA FOI DECLAREE SE CONFIRME DANS LES ACTIONS 125

SECTION 11. ANEANTIR TOUTE AUTRE ALTERNATIVE 126

SECTION 12. L'ABANDON DE SOI 127

SECTION 13. LE SILENCE DE DIEU N'EST PAS SON ABSENCE 129

SECTION 14. SI TU VIS LE SILENCE DE DIEU 131

SECTION 15 : N'OUBLIEZ PAS DES HEURTS 131

CHAPITRE 6. VOTRE ARMURE VIENT DE DIEU 137

SECTION 1. LES ARMES DE NOTRE COMBAT 137

SECTION 2. LA QUALITE DES ARMES A NOTRE DISPOSITION.....143

SECTION 3. LES ARMES DE L'ENNEMI 145

SECTION 4. LE DIABLE S'ORGANISE...148

CHAPITRE 7.   LE NIVEAU PERSONNEL DU COMBAT INVISIBLE.157

SECTION 1. LE DIABLE ATTAQUE ET CONTROLE VOS PENSEES ..158

SECTION 2. LE DIABLE ATTAQUE VOTRE CORPS 159

SECTION 3. CHANGER VOTRE FAÇON DE PENSER.......................160

SECTION 4. CONTROLER VOTRE FAÇON DE PENSER...................161

CHAPITRE 8.   CHAPITRE VIII. PERSONNE NE REUSSIT DANS   CE COMBAT PAR ACCIDENT 163

SECTION 1. VA AUPRES DE LA FOURMI ET OBSERVE 164

SECTION 2. ETRE DISCIPLINE ET AVOIR DU CARACTERE 164

SECTION 3. TU DOIS AIMER LA VIE 166

SECTION 4. SOIS CONTINENT 167

SECTION 5. AVOIR LA CONSCIENCE PURE 167

SECTION 6. NE JAMAIS FAIRE TAIRE VOTRE CONSCIENCE 168

SECTION 7. CULTIVE LA PATIENCE 169

SECTION 8. ETRE REGULIEREMENT CONDUIT PAR LE SAINT ESPRIT 169

SECTION 9. AVEZ-VOUS BESOIN D'UNE CARTE OU D'UN GUIDE ? 170

EPILOGUE 177

TABLE DES MATIERES...181

Extrait du catalogue des Éditions de l'Érablière et Libre-Pensée...185

Extrait du catalogue des Éditions de l'Érablière et Libre-Pensée

Patrick MBEKO et Honoré NGBANDA-NZAMBO	Stratégie du chaos et du mensonge. Poker menteur en Afrique centrale
Elinor MOANDA	L'orgae
Hilaire KASONGO	Entre deux amours
Nadine MUDERHWA NZIGIRE	La réglementation du transport aérien en République démocratique du Congo
Honoré LOANGO BOELUA	La rescapée: chronique d'une héroïne anonyme
Parole L.P. MBENGAMA	L'Homme est mort, le Genre est né
Luka LUSALA lu ne NKUKA	L'influence de la philosophie égyptienne sur la philosophie grecque
Jean MWENYIHERI MULEVU	L'alcoolisme: une interpellation pour la pastorale de la famille
Henri-Pensée MPERENG	Quand l'amour déchaîne les passions
Patrick MBEKO	Le Canada et le pouvoir tutsi du Rwanda: deux decennies de complicité criminelle en Afrique centrale
Magloire MPEMBI	Les chemins du paradis
MASUMBUKO MUNUNGURI	Les laïcs dans l'Église catholique de la RD Congo. Réflexions autour su statut juridique du Conseil de l'apostolat des laïcs
Honoré LOANGO BOELUA	Il était une fois Altroto Moda Matrabanga. Le self made man de la mode
Cleophas MUTOMBO KAYIBANDA KATENDA	Comment elaborer un programme d'encadrement des jeunes dans les Eglises: Guide pratique a l'intention des depratement de la jeunesse
Jilla MAH'LENGBE MAJIK	Dans le ventre de la méditéranée
Guy Omer Delos MANKENDA N'LANDU	La casuistique du déclarant en douane
Dieudonné MUFWANKOLO MUNDEL	Les Trois sœurs

Samuel MAMPUNZA et Magloire MPEMBI	Introduction à la psychologie médicale
Honoré LOANGO BOELUA	Le mariage s'apprend: manuel de préaparation dans une perspective chrétienne
Amuli KIZITO	Et ces gamins enterrés
Gabin KIFUKIAU MABANZILA	Complice du destin
Dieudonné MUFWANKOLO MUNDEL	Mon ami Majohn: un savant perdu
Honoré LOANGO BOELUA	Si je savais
Magloire T.O. TESSOH	Les contes égyptiens anciens et les contes de l'Afrique subsaharienne: Esquisse d'une analyse comparée
Jean Paul KUKABUSU	regards sur la RD Congo
Stéphane MAGUNDA MASISTE	Conscience narcotique
MASUMBUKO MUNUNGURI	Ils m'ont violée
Patrick MBEKO	Objectif Kadhafi: 42 ans de guerres secrètes contre le Guide de la Jamahiriya arabe libyenne

www.ingramcontent.com/pod-product-compliance
Lightning Source LLC
Chambersburg PA
CBHW020856090426
42736CB00008B/398